Susanne Kutter / Volker Späth

RHEINAUEN

Bedrohtes Paradies am Oberrhein

G. Braun

INHALT

Titelbild: Altrhein bei Speyer
Rückseite: Kiebitze im Naturschutzgebiet Taubergießen

Fotos:

Gerhard Adam: 50 rechts
Badische Landesbibliothek, Karlsruhe: 59, 69, 71, 74, 75, 78/79
Badisches Generallandesarchiv, Karlsruhe: 73
Badisches Landesmuseum, Karlsruhe: 99
Rolf Bäppler, Lindenberg: Titelbild, 2/3, 6-19, 26-31, 35, 39-41, 46, 106/107
Uwe Benitz, Karlsruhe: 54 links
Bezirksstelle für Naturschutz und Landschaftspflege, Karlsruhe: 46, 48, 51, 55 rechts
Robert Dreikluft, Karlsruhe: 42, 43, 72
Bernd Gerken: 67
Hans Hinz, CH-Allschwil: 23
Prof. Dr. Gerhard Juritza, Karlsruhe: 57 oben rechts
Bernd Krug, Heidelberg: 89
Susanne Kutter, Tübingen: 33
Werner Leis, Kuppenheim: 36-38, 57 oben links, 64, 104
Natur-Bildarchiv Erkl, Remseck: 53
Gerd Popp, Ettlingen: 45
Reinhard Siegel, Breckerfeld: 63
Dr. Volker Späth, Bühl: 21, 32, 34, 44, 55 unten, 80/81, 105, 111, 114/115
Christoph Schenk: 54 Mitte
Schneider/Will, Grenzach-Wyhlen: 52, 57 unten, 96/97, 109, 113
W. Schubert: 49, 50 links
Staatliche Kunsthalle, Karlsruhe: 25
Reiner Steinmetz LFU, Karlsruhe: 1, 47, 61, 83-87, 91, 95, 102/103, letzte Umschlagseite

© 1993 G. Braun (vorm. G. Braunsche Hofbuchdruckerei und Verlag) GmbH, Karlsruhe
Herstellung: G. Braun GmbH u. Co. KG, Karlsruhe
Gestaltung: Robert Dreikluft

Die Deutsche Bibliothek – CIP-Einheitsaufnahme

Rheinauen: bedrohtes Paradies am Oberrhein / Susanne Kutter ; Volker Späth. – Karlsruhe : Braun, 1993
ISBN 3-7650-8076-4
NE: Kutter, Susanne; Späth, Volker

Vorwort 7	**Bewegtes Auenleben** 46	**Auen kennenlernen – naturverträglich!** 106
Aue – was ist das? 8	Tropische Vielfalt auch bei den Tieren 46	Ohne Besucher kein Bewußtsein 106
Beständig in Veränderung 8	Vogelgemeinschaften am Oberrhein 48	Flickenteppich entlang des Oberrheins 108
Auen in Europa 10	Lurche und Kriechtiere 53	
	Weichtiere in der Aue 56	Die ehemalige Furkationszone 108
Entstehungsgeschichte der Rheinauen 14	Formenfülle der Insekten 56	*Das Trockengebiet zwischen Basel und Breisach* 108
Exkurs in die Geologie 14	Spezialisten in Sachen Auen-Dynamik 58	*Die Rheinaue nördlich von Breisach* 110
Später Weg zur Nordsee 15	Von der Anpassung zur Gestaltung der Aue 62	*Das Taubergießengebiet* 110
Schotterterrassen und Auen 15		*Vogelbeobachtung bei Kappel und Plobsheim* 111
Rinnen parallel zum Rhein 17	**Das ökologische Potential der Auen** 64	*Polder Altenheim* 111
Ungebremste Kraft 17	Der Austausch von Organismen 64	
	Überwinterungsplatz und Notquartier 66	Die ehemalige Übergangszone 112
Land unter Wasser 18		*Die Rastatter Rheinaue* 112
Motor Wasserstandsdynamik 19	**Der Mensch und die Aue** 68	*Die Sauermündung zwischen Seltz und Münchhausen* 112
Das Wasserregime des Flusses 19	Besiedlungsgeschichte bis ins 19. Jahrhundert 68	*Die Tomateninsel* 114
Wechselspiel zwischen Rhein und Grundwasser 20	Vom Wildstrom zur Schiffahrtsrinne 74	*Illinger und Auer Altrhein* 114
Alles im Fluß: Geröll, Kies, Sand 21	Der moderne Rheinausbau 81	Die ehemalige Mäanderzone 115
Furkations- und Mäanderzone des Oberrheins 22		*Die Hördter Rheinaue* 116
Schwebende Flußtrübe – Eintrag von Auenlehm 24	**98 Prozent zerstört – Die Oberrheinauen heute** 88	*Der Rußheimer Altrhein und die Insel Elisabethenwörth* 116
	Strukturwandel und ökologische Folgen 88	*Die Ketscher Rheininsel und die Reißinsel bei Mannheim* 116
Urwald in Europa? 26	Auch ein kultureller Verlust: Auentypische Berufe sterben aus 97	*Der Lampertheimer Altrhein* 117
Standortbedingungen für die Pflanzenwelt 26	Ein Schimmer am Horizont? 100	*Der Eich-Gimbsheimer Altrhein* 117
Die Abfolge der Besiedlung 30		*Kühkopf-Knoblochsaue* 117
Das Auenjahr 40		**Register** 118

Wo man ihn läßt, tritt der Oberrhein auch heute noch über seine Ufer und überschwemmt den Auenwald – etwa auf der Insel Flotzgrün bei Speyer.

VORWORT

Die Macht des großen Stromes ist gebändigt – der ehemals wilde Rhein fließt heute manierlich in seinem begradigten Bett von Staustufe zu Staustufe. Doch mit der Dynamik des Flusses, den unberechenbaren Wasserstandsschwankungen und alljährlichen Überschwemmungen, verschwand auch eine einzigartige Naturlandschaft: Die Rheinauen. Kein anderes Ökosystem in unseren gemäßigten Breiten ist so produktiv und strukturreich wie die amphibische Überschneidungszone zwischen Land und Wasser – und gleichzeitig so flächendeckend zerstört worden.

Am Oberrhein sind Reste dieses Lebensraums der Vernichtung durch Wasserbau, Forst- und Landwirtschaft, Industrialisierung und Zersiedelung bisher entgangen. Doch die Rückzugsgebiete für Tier- und Pflanzenwelt sind bedroht, denn die Region erlebt ein rasantes wirtschaftliches Wachstum. Schon heute leben dreieinhalb Millionen Menschen beiderseits des Oberrheins. Nur langsam beginnt man zu begreifen, wie verheerend sich der Verlust des Ökosystems Aue mit seiner natürlichen Schwammfunktion und seiner biologischen Selbstreinigungskraft auch für den Menschen auswirkt: Grundwasserspiegel sinken, und Hochwasserkatastrophen mehren sich. Diese Zusammenhänge möchte das Buch anschaulich machen – und zudem ein Stück unvergleichlicher Restnatur vorstellen, das fast die Reise in ferne Urwälder ersetzt.

AUE – WAS IST DAS?

Beständig in Veränderung

Viele Orte entlang des Rheins tragen die Silbe „Au" in ihrem Namen, und doch wissen nur die wenigsten, was für ein vielfältiger, dynamischer Lebensraum sich hinter diesen beiden Buchstaben verbirgt – und welche Mühe die Menschen oft mit der widerspenstigen Aue hatten. Die Talaue eines natürlichen Flußlaufs wird regelmäßig überschwemmt, denn sein Wasserstand ändert sich fortlaufend. Und dieses Auf und Ab des Wassers hat eine enorme Gestaltungskraft: Es düngt und formt, schüttet Inseln auf und läßt ganze Wälder wieder verschwinden. Für den Menschen, der die Launen des Flusses nicht vorhersehen kann, ein unvorstellbar chaotischer Zustand! Doch diese Dynamik schafft Lebensräume immer wieder neu, und darauf sind die verschiedenartigen pflanzlichen und tierischen Auen-Bewohner angewiesen. Das Prinzip der Aue ist ihre ständige Verwandlung.

Fruchtbare Talauen wie an Euphrat, Tigris oder Nil verhalfen zwar den ersten menschlichen Hochkulturen zur Blüte, den Nachfahren erschien die Überlappungszone zwischen Fluß und Land jedoch meist wild und bedrohlich. Dort, wo die Menschen des Mittelalters nahe am Rhein zu siedeln versuchten, riß der Fluß ihre Felder und Dörfer immer wieder mit sich fort.

Mit Dämmen versuchte man sich dem machtvollen Strom entgegenzustellen, und bis heute haben Wasserbau-Techniker und -Ingenieure nicht aufgegeben, den Rhein in eine statische Schiffahrts- und Abwasserrinne zu verwandeln. Das gelang trotz neuester technischer Finessen wie Kanälen, Staustufen und Hochwasser-Rückhaltebecken nicht ganz und zog eine Reihe von

Sinkende Wasserstände lassen die Sandbänke zum Vorschein kommen, Insel Flotzgrün.

Problemen nach sich: Der Fluß tiefte sich ein, die Grundwasserspiegel fielen, und die Hochwassergefahr ist trotzdem nicht gebannt. Für die Auenlandschaft kommt die menschliche Ordnungswut jedoch einem Todesurteil gleich.

Die wenigen heute noch regelmäßig überfluteten Auenbereiche Mitteleuropas gehören zu den produktivsten Öko-Systemen unserer gemäßigten Breiten, doch auch diese Erkenntnis ist noch recht neu – oder zumindest ist sie erst in den letzten Jahren wiederentdeckt und „salonfähig" geworden. Denn selbst für die Naturwissenschaftler war die Aue ein seltsamer Zwitter: Gewässerkundler beschäftigten sich ausschließlich mit der Hydrologie und Limnologie und überließen den trockeneren Rest Bodenkundlern, Botanikern und Zoologen. Eine Vorstellung von den komplexen Zusammenhängen zwischen Wasser und Land, der Auen-Ökologie, kam so allerdings nicht zustande.

Mit Gründung des Auen-Instituts in Rastatt bei Karlsruhe wurde 1985 vom World Wide Fund for Nature (WWF) eine bislang einzigartige Forschungseinrichtung geschaffen, die sich ausschließlich mit Flußauen beschäftigt. Zugleich wollte der WWF mit diesem Institut aber auch auf die enorme Gefährdung der europäischen Flußlandschaften aufmerksam machen. Denn allzuviele natürliche Auenflächen sind in Mitteleuropa seit Einzug des Industriezeitalters nicht erhalten geblieben.

Die Aue hat viele Gesichter: Zwischen Röhricht und Auenwald erstreckt sich ein Altrheinarm, bei Speyer.

Auen in Europa

Einzigartige Auengebiete gibt es noch in Frankreich. Dort wurden bislang nur wenige Flüsse wie Rhône oder Garonne vollständig kanalisiert, andere wie Loire und Allier sind auf weiten Strecken noch echte Wildflüsse geblieben. Allerdings droht gerade hier die Zerstörung: Als Kühlwasser-Vorrat von Kernkraftwerken sollen sie in mehreren, bis zu 30 Quadratkilometer großen Seen aufgestaut werden. Umweltschützer konnten zumindest einen vorläufigen Baustopp erreichen.

In Österreich erstrecken sich noch regelmäßig überschwemmte, naturnahe Reste der Donauaue zwischen Wien und Hainburg. Oberhalb von Wien wurde die Donau bereits in eine Kette von langgestreckten Stauseen verwandelt. Und so sollte es auch weitergehen: Bei Hainburg war ein Kraftwerk mit einer weiteren Staustufe geplant, doch dieses Projekt konnte gestoppt werden. Statt dessen soll auf mindestens einhundert Quadratkilometern ein Nationalpark „Donau-Auen" entstehen. 411 Hektar dieses Gebietes wurden 1989 nach einer spektakulären Spendenaktion vom WWF freigekauft. Westlich von Hainburg schließt sich ein elf Quadratkilometer großes WWF-Auenreservat am Unterlauf des österreichisch-tschechischen Grenzflusses March an.

Weiter flußabwärts hatten die Tschechoslowakei und Ungarn ein gigantisches Wasserbauprojekt beschlossen, das mit österreichischer Hilfe die Donau zwischen Bratislava (Preßburg) und Budapest in eine Betonrinne zwingen sollte. Obwohl die ungarische Regierung 1989 für ihr Teilprojekt Nágymaros einen Baustopp verhängt hat, gleicht

dieser Donauabschnitt schon heute einer Bauruine. Die slowakische Regierung hielt an ihrem Vorhaben Gabcikovo fest und flutet seit Herbst 1992 den Kanal – trotz massiven Protests aus Ungarn, wo die „Rest-Donau" stark abgesunken ist. Seit sich der eiserne Vorhang zwischen Ost und West gehoben hat, ist zwar im Dreiländereck ein „Tri-Nationalpark Mittlere Donau" im Gespräch, aber die Öffnung hat den Donauraum auch zum Schnittpunkt neuer europäischer Transitachsen werden lassen.

Ehemals riesige Überschwemmungsgebiete wurden in der großen ungarischen Tiefebene von Donau und Theiß gebildet. Seit dem 19. Jahrhundert wurden sie jedoch durch fortgesetzte Dränagen und Flußkorrektionen trockengelegt: Die undurchdringlichen Auenwälder gingen zuerst in sumpfiges Weideland über (Pußta) und werden heute mit moderner Be- und Entwässerungstechnik ackerbaulich genutzt. So sind in der flachen, sandigen Landschaft endlose Wein-, Obst- und Gemüseplantagen entstanden. Dennoch blieben an Donau und Theiß mehrere naturnahe Auenwälder und Altwasser erhalten, etwa in Südungarn bei Baja und Mohács, der Gemencer Wald nahe Szekszárd und ausgedehnte Bereiche an der oberen Theiß bei Tokaj.

So wie die ungarische Tiefebene gleichen heute vielerorts auch die Mündungsgebiete großer europäischer Flüsse landwirtschaftlichen Produktionszentren: Im Rhône-Delta und am spanischen Ebro werden Getreide und Mais, Gemüse oder Reis angebaut – nicht anders sieht es am Po in Italien aus. Auch die Hälfte des 5 600 Quadratkilometer großen rumänischen Donau-Deltas am Schwarzen Meer sollte bis zum Jahre 1990 intensiv genutzt sein – hier hinkte der „Plan" allerdings hinter der Realität zurück. Nach dem politischen Umsturz Ende 1989 erarbeitet das WWF-Aueninstitut jetzt ein Renaturierungsprogramm. Im Nordosten Polens sind Auen- und Sumpfgebiete an Narew und Biebrza durch Entwässerungen bedroht, obwohl sie als Landschaftsparks ausgewiesen sind. Bislang werden dort noch 100 Quadratkilometer Fläche fast ganzjährig überschwemmt.

Über die derzeit noch größten Flußauen verfügt das zerfallende Jugoslawien. Die Donauzuflüsse Save und Drau überfluten unterhalb von Zagreb und Osijek noch ein Gebiet von etwa 2000 Quadratkilometern (die heutige Überflutungsfläche der badischen Rheinauen beträgt nur etwa 50 Quadratkilometer). Und doch sind es nur die kargen Reste – 90 Prozent der ursprünglichen Auenlandschaft wurde in den vergangenen 15 Jahren durch Regulierungen trockengelegt. Das Weideland mit kargem Baumbestand, die sogenannten Hutweiden, verwandelte sich in Mais- und Getreidefelder. Unterhalb von Sisak erstrecken sich an der Save über 120 Quadratkilometer periodisch überschwemmten Eichen-Eschen-Waldes: Dieser Waldtyp ist sowohl ökologisch als auch wirtschaftlich interessant. Doch augenblicklich hat in Kroatien der Naturschutz keine Dringlichkeit. Wo ursprünglich an Save- und Draumündung ein jugoslawisch-ungarischer Nationalpark „Kopàcski rit" geplant war, herrscht seit 1991 Bürgerkrieg. Erste Berichte im Frühjahr 1992 lassen das Ausmaß der Naturzerstörung nur erahnen.

Auch in Griechenland gehen an Evros und anderen Flüssen die Auenwälder und Überschwemmungsgebiete zugunsten von landwirtschaftlichen Anbauflächen zurück. Seit Griechenland 1981 der EG beitrat, hat sich die Zerstörung noch ausgeweitet: Viele Flüsse trocknen jetzt im Sommer völlig aus, weil statt klassischer Feldfrüchte wie Trockenbohnen nun großflächig Mais angebaut wird – der muß intensiv bewässert, gedüngt und gespritzt werden. Im Nordosten Griechenlands wurden allein am Nestos seit den 50er Jahren rund 72 Quadratkilometer Auenwald gerodet. An seinem Delta sind noch etwa 15 Quadratkilometer erhalten geblieben, um deren Schutz sich die Stiftung Europäisches Naturerbe bemüht.

In Deutschland blieb buchstäblich kein Flußkilometer von größeren Eingriffen und Veränderungen verschont. Natürliche Flußabschnitte, weitläufige Überschwemmungsbereiche und ursprüngliche Auenwälder sind verschwunden. Nur winzige Reste sind auch heute noch ähnlich struktur- und artenreich wie eine natürliche Auenlandschaft – sie haben das Prädikat „naturnah" erhalten. An unseren Flüssen kommen diese Relikte meist nur sehr vereinzelt vor, wie kleine Urwald-Inseln. So sind an der Elbe zwischen Magdeburg und Bleckede, der unteren Oder und der Spree, der Donau zwischen Ulm und Deggendorf, der Isar zwischen Bad Tölz und Wolfratshausen und im Isarmündungsgebiet noch Auen zu finden. Auch am Oberrhein zwischen Basel und Bingen sind einige größere zusammenhängende Bereiche des ehemals kilometerbreiten Auenbandes der Vernichtung entgangen – von ihnen soll hier die Rede sein.

Lichtspiele am winterlichen Altrhein – er ist von einer Eisschicht überzogen, bei Speyer.

ENTSTEHUNGSGESCHICHTE DER RHEINAUEN

Exkurs in die Geologie

Ein Fluß wie der Rhein gestaltet seine Umwelt sehr aktiv – er nagt im steilen Oberlauf beharrlich tiefe Schluchten in den Fels, gabelt sich im flacheren Bereich in viele Äste auf (Furkationszone) und schlängelt sich in weiten Flußmäandern durchs Tiefland bis zum Mündungsdelta. Dabei transportiert der Strom große Mengen von Geröll, Sand und feinen Schwebeteilchen, die er jedoch nicht über die ganze Strecke ‚mitschleppt', sondern unterwegs teilweise wieder ablagert.

So wie der Rhein sich heute präsentiert, als Verbindungsfluß zwischen Alpen und Nordsee, sieht er allerdings noch gar nicht lange aus. Nicht nur, daß Menschen in allerjüngster Zeit seinen Flußlauf veränderten, auch geologisch gesehen ist er sehr jung – in heutiger Form höchstens 500 000 Jahre alt.

Die gesamte Oberrheinische Tiefebene hat sich erst in den vergangenen fünf Millionen Jahren (im Jungtertiär und Quartär) entwickelt, also recht spät in der Erdgeschichte. Die Auen selbst sind ganze 8 000 Jahre jung und erst nach dem Abschmelzen der eiszeitlichen Alpen-Gletscher entstanden – in der Jetzt-Zeit, dem Holozän.

Gegen Ende der Kreidezeit, vor etwa 65 Millionen Jahren, setzten geologische Entwicklungen ein, die die folgende Erdneuzeit (Kaenozoikum) nachhaltig prägten: Im Laufe des Tertiärs (65 bis zwei Millionen Jahre) falteten sich die Alpen auf, und Europa bekam einen Riß: Ein Grabensystem von der Nordsee bis zum Mittelmeer brach allmählich an den Stellen ein, wo Scherbewegungen an der Erdkruste zerrten – der Oberrheingraben ist mit 100 Kilometern Länge und bis zu 40 Kilometern Breite ein Teil dieser tektonischen Verschiebungen. Gleichzeitig wurden Schwarzwald und Vogesen angehoben, was den Vorgang verstärkte, es kam zu einem „Gewölbescheitelbruch". Die Flüsse mußten sich in den wechselnden Geländeformen des Tertiärs immer neue Wege zu den Ozeanen suchen. Doch auch die Weltmeere verlagerten sich, schrumpften oder dehnten sich aus, je nach Klima und Hebung oder Senkung verschiedener Zonen der Erdoberfläche – ein bewegtes Zeitalter!

Im Tertiär wurden die wesentlichen geologischen Strukturen unseres heutigen Landschaftsbildes festgelegt, doch erst vor rund zwei Millionen Jahren begann im Quartär mit der einsetzenden Vergletscherung die Feinmodellierung – Süddeutschland bekam sein heutiges Gesicht. Im Eiszeitalter, dem Pleistozän, das bis zum Beginn unserer Jetzt-Zeit vor 10 000 Jahren andauerte, wurden Wälder von Kältesteppen abgelöst, und schließlich waren neun Prozent der gesamten Erdoberfläche von Eis bedeckt (heute sind es noch drei Prozent). Die Kaltzeiten (Glaziale) wechselten sich mit Warmzeiten (Interglazialen) ab, und Gletscher formten die Landschaft. Aus den Alpen schob sich der Rheingletscher zeitweise bis in die Bodenseesenke und weit nach Oberschwaben vor. Auch beim scheinbar zähen Fließen ebneten und schmirgelten sich die tonnenschweren Eismassen ihre Bahn und lieferten dabei große Mengen an Geröll und Schmelzwasser.

Später Weg zur Nordsee

Die Flußsysteme, die den nördlichen Teil der Alpen entwässern, haben seit dem ausgehenden Tertiär immer wieder ihren Lauf geändert: Zu Beginn des Pliozäns (fünf bis zwei Millionen Jahre) floß der Alpenrhein vom heutigen Bregenz aus nach Norden und mündete bei Ulm in die Donau – er entwässerte also ins Schwarze Meer und nicht wie heute in die Nordsee. Die Donau hatte damals mehrere alpine Zubringer, die ihr inzwischen wieder verlorengegangen sind: Die obere Rhône war ihr Quellfluß, und Aare sowie Reuß gehörten vor rund fünf Millionen Jahren noch zu ihrem Einzugsgebiet. Die Wasserscheide zwischen Nordsee und Mittelmeer bzw. Schwarzem Meer befand sich am Kaiserstuhl: Jene Flüsse, die nach Norden strebten, bildeten die verschiedenen Urrhein-Stadien.

Gegen Ende des Tertiärs hoben sich Schwarzwald und Vogesen erneut, und die Aare fand einen Weg zwischen Südschwarzwaldrand und neu gebildeter Faltenjura-Kette (Schweizer Jura) nach Westen zum Doubs: durch die Burgundische Pforte. Der gemeinsame Strom mündete in das Rhônesystem – die Rhône hatte sich mittlerweile aus den Alpen einen eigenen Weg in Richtung Süden über den heutigen Genfer See zum Mittelmeer gebahnt. Während der ersten Kaltzeit im Quartär senkte sich der Oberrheingraben weiter ab, und die Aare konnte die Kaiserstuhl-Wasserscheide nach Norden überwinden – die erste Fluß-Verbindung zwischen Alpen und Nordsee war hergestellt. Der Alpenrhein floß derweil immer noch zur Donau.

Erst vor etwa 500 000 Jahren, in der Warmzeit zwischen Mindel- und Riß-vergletscherung, kann der Anschluß des Alpenrheins an den heutigen Verlauf zur Nordsee sicher nachgewiesen werden. Weitere Hebungen der Alpen und des Jura hatten ihm den Weg zur Donau versperrt und ihn nach Westen hin abgelenkt. Auch Ausschürfungen und Ablagerungen des Gletscher-Eises hatten dabei eine Rolle gespielt. Bei Basel biegt der Fluß fast rechtwinklig nach Norden in den Oberrheingraben ein (der Abschnitt zwischen dem Rheinknie und dem Rheinischen Schiefergebirge bildet den heutigen Oberrhein).

Das große Gefälle beim Abfließen in den inzwischen sehr tief liegenden Oberrheingraben gab dem neu gestalteten Flußlauf (dem heutigen Hochrhein zwischen Bodensee-Ausfluß und Rheinknie) eine ungeheure Erosionskraft, die auch zur weiteren Eintiefung der Bodenseesenke führte: Schon vor den Eiszeiten war eine flache Mulde im Voralpenland entstanden, die dann von Gletschern weiter gestaltet wurde. Seit einer halben Million Jahren durchfließt nun der umgelenkte Rhein das Bodenseebecken in Südost-Nordwest-Richtung und hat dabei die Gestalt des heutigen Sees ganz entscheidend mitgeformt.

Weil Flüsse große Schottermassen aus den Alpen in die Täler transportierten, kann anhand der Gesteine nachgewiesen werden, wann die Verbindungen zwischen Rhein, Donau und Rhône bestanden. Auch die Flußbewohner und die begleitende Pflanzenwelt können bei der Rekonstruktion der Flußgeschichte behilflich sein. Die Biogeographie belegt, wie eng die Vernetzung der Flußsysteme war: Der Wels, ein typischer Donau-Fisch, bewohnt auch die Aare, den Doubs sowie Hoch- und Oberrhein. Und der Strömer ist weit verbreitet in Donau und Rhône, kommt aber auch im Rhein flußabwärts bis Straßburg vor.

Es gibt einen sehr deutlichen Hinweis darauf, daß die einzelnen Abschnitte des Rheins früher nicht zusammengehörten und jeweils ihre eigene Entstehungsgeschichte haben. Von der Quelle bis zur Mündung ist die typische Abfolge von Oberlauf, Mittellauf und Unterlauf am heutigen Rhein gleich drei Mal zu finden: Am Alpenrhein von den Quellen bis zur Bodenseemündung, zum zweiten Mal vom Bodenseeausfluß bis zum Binger Loch (Hoch- und Oberrhein) und in der letzten Etappe vom Durchbruch durch das Rheinische Schiefergebirge bis hin zur Nordsee (Mittel- und Niederrhein).

Schotterterrassen und Auen

Erst nachdem die nördlichen Rheinabschnitte die Flußnetze von Aare und Alpenrhein angezapft hatten, wurde alpines Gesteinsmaterial auch in den Oberrheingraben geschüttet. Während der eigentlichen Kaltzeiten des Pleistozäns waren Niederschläge im Winter als Schnee und Eis gebunden, so daß der Fluß bei sinkenden Wasserständen erheblich an Schleppkraft verlor. Im Sommer stieg der Schmelzwasserstrom jedoch an und brachte Geröll mit. Es blieb im Flußbett liegen, sobald der Wasserstand wieder sank. So entstanden während der Kaltzeiten ausgedehnte Schotterfluren aus groben Kiesen, die im Bereich des mittleren Rheingrabens zwischen Achern und Karlsruhe 40 bis 100 Meter mächtig sind. Im Süden zwischen Kaiserstuhl und Colmar und im Norden zwischen

Rheinverläufe ~ der Kampf von Rhein, Donau und Rhône um ihre Einzugsgebiete

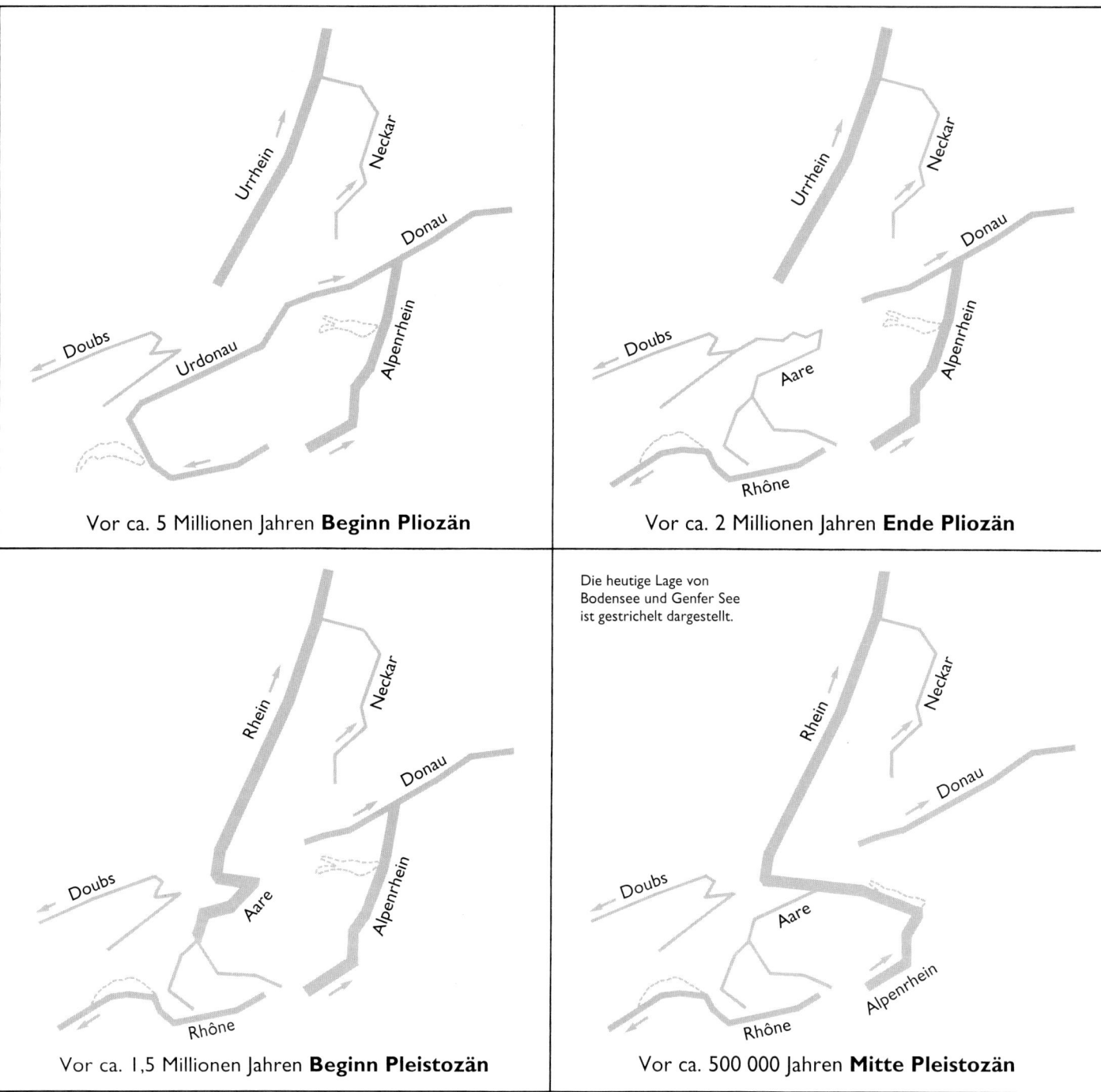

Heidelberg und Mannheim wurden sogar mehr als 200 Meter Flußschotter abgelagert. In den Warmzeiten grub sich der Rhein wieder in die Schotterbänke ein und schuf damit eine mehrere Kilometer breite Aue.

Die letzte Aufschotterungsphase erreichte während der Würm-Eiszeit vor 20 000 Jahren ihren Höhepunkt und endete vor 10 000 Jahren mit dem Abschmelzen der Gletscher und Eisfelder. Seither schaffte sich der nacheiszeitliche Rhein eine bis zu zehn Kilometer breite Talaue, die sich an einigen Stellen zehn Meter tief in die Schotterterrasse der Würmeiszeit eingegraben hat. Sie wird als Rheinniederung (Alluvium) oder umgangssprachlich als Tiefgestade bezeichnet. Die höher gelegene Schotterterrasse der Würm-Eiszeit heißt Niederterrasse oder Hochgestade, am mittleren und nördlichen Oberrhein wird sie auch „Hardt" genannt.

In der selbstgeschaffenen Rinne spülte der Rhein nach dem frostigen Zeitalter des Pleistozäns auch wieder feineres Material wie Ton und Lehm an – daraus konnten sich fruchtbare Böden entwickeln. In den Kältesteppen der Eiszeiten waren vom Wind Staub und Feinerde aus den Schotterfluren ausgeblasen und weit entfernt wieder angelagert worden: Von besonderer Bedeutung ist heute der fruchtbare Löß. In der Oberrheinebene blieben aber auch riesige Sandfelder auf der rechtsrheinischen Niederterrasse zurück – es wurden sogar richtige Wanderdünen zusammengeblasen (in Sandweier bei Rastatt und in Sandhausen bei Schwetzingen sind die letzten dieser für Deutschland einzigartigen Binnendünen erhalten). Wo der Fluß seinen Lauf änderte, blieben am Rand zum Hochgestade Sümpfe im verlassenen Bett zurück. In diesen Randsenken konnten sich an einigen Stellen Niedermoore entwickeln.

Mit zunehmender Erwärmung wurde auch die Pflanzenwelt des Oberrheingebietes in den vergangenen 8 000 Jahren wieder üppiger: Der spärliche Bewuchs der Steppe und Tundra wurde von einer dichten Waldlandschaft abgelöst – mit der ihr bis heute eigenen Dynamik und Vielfalt des Auen-Lebensraumes.

Rinnen parallel zum Rhein

Eine Besonderheit weist der Oberrheingraben an seinen Rändern am Fuße von Schwarzwald und Vogesen auf: Parallel zum Rhein verliefen noch zwei weitere Flußsysteme. Im Osten ist es die Kinzig-Murg-Rinne, die zwischen Emmendingen und Baden-Baden entlang der Vorberge, der heutigen Ortenau, die aus dem Schwarzwald kommenden Flüsse aufnahm und sie nach Norden leitete. Der mächtige Strom führte noch bis vor etwa 5 000 Jahren am heutigen Baden-Baden und Ettlingen vorbei bis in die Gegend von Heidelberg und mündete dort in den Neckar. Heute hat sich das Wasser aus dem Schwarzwald einen direkten Zugang durch die Niederterrasse nach Westen verschafft, doch bis vor rund eintausend Jahren gab es zwischen dem Kaiserstuhl und Kehl noch keinen regelmäßigen Abfluß des Schwarzwaldwassers in den Rhein. Durchbrüche versperrte sich der Kinzig-Murg-Fluß zeitweise selbst wieder mit eigenen Kies-Ablagerungen.

Linksrheinisch findet die badische Kinzig-Murg-Rinne ihr Pendant im elsässischen Ill-Ried. Die aus den Südvogesen kommende Ill fließt bis zu ihrer Mündung in den Rhein nördlich von Straßburg bei la Wantzenau (gegenüber von Rheinau) rheinparallel. In beiden alten Flußsenken finden sich noch heute ausgesprochen feuchte Zonen wie Riedlandschaften und Niedermoore.

Ungebremste Kraft

Der Rhein war bis vor wenigen hundert Jahren ein machtvoller Landschaftsgestalter, und trotz menschlicher Bauwerke hat er auch heute nichts von seiner Erosionskraft eingebüßt: Mit seinem großen Gefälle, das er von den Alpen bis nach Holland auf nur 1320 Kilometern überwindet, stiehlt er der Donau, die gemächlich auf der zweifachen Wegstrecke dahinfließt (2 850 Kilometer), auch heute noch das Wasser. Schon die Form der Täler – steil eingeschnitten die „rhenanischen" oder weit und offen die „danubischen" – macht den Unterschied deutlich.

Der Verlauf der Wasserscheide zwischen beiden Flußsystemen verändert sich fortwährend, denn der Rhein und seine Nebenflüsse fressen sich unmerklich weiter vor und lenken dabei noch immer Zuflüsse der Donau um – zur Nordsee hin. Zeugen dieses Sogs sind die sogenannten geköpften Täler, Bergrutsche und scharfe Wendungen im Flußlauf. Im Südschwarzwald zeigt das Wutachtal all diese Phänomene. Geologische Abläufe erscheinen zwar unglaublich träge im Vergleich zur schnellebigen, technisierten Welt des Menschen, doch – hat nicht der Rhein selbst den Kies gebracht, aus dem die Staustufen sind? Er wird ihn sich auch wieder holen!

LAND UNTER WASSER

Die Silberweiden vertragen „nasse Füße". An ihren lehmverkrusteten Stämmen erkennt man, wie hoch das Wasser im zurückliegenden Frühsommer stand, bei Römerberg-Mechtersheim.

Das Hochwasser ist aus dem Auenwald fast vollständig abgelaufen und die Wurzelbärte einer Silberweide auf der Horreninsel bei Altrip hängen in der Luft. Eine dicke Lehmschicht bleibt auch auf den Pflanzen zurück: In der Gabelung der Silberweide hat sich auf dem fruchtbaren Nährboden schon ein Grasfilz angesiedelt.

Motor Wasserstandsdynamik

Das Auf und Ab des Wassers ist der wichtigste ökologische Faktor in der Aue. Ohne dieses Wechselspiel kann der Lebensraum Aue weder entstehen noch auf Dauer überleben, denn die periodischen Wasserstandsänderungen bedingen eine Reihe von Vorgängen: Der Grundwasserstand schwankt mit dem Flußwasserpegel, Kies, Sand und Lehm werden vom Strom ausgewaschen, ein Stück weit mitbewegt und an anderer Stelle wieder abgelagert. Ebenso werden Nährstoffe gelöst, transportiert und wiederum in die flußbegleitenden Lebensgemeinschaften eingetragen. So steuert die Wasserstandsdynamik direkt und indirekt die Entwicklungsmöglichkeiten von Pflanzen und Tieren – kurzum, sie ist der Motor der Auenlandschaft und ihrer Lebensräume. Der ständige Umbau hält das System am Leben.

Das Wasserregime des Flusses

Keine Auenlandschaft gleicht der anderen, weil sich die Dauer von Überflutung und Trockenfallen von Gebiet zu Gebiet unterscheidet. Das Abflußgeschehen der Aue hängt wiederum vom „Wasserregime" des jeweiligen Flusses ab – seinem typischen und charakteristischen Wechsel von Hoch- und Niedrigwasser. Bestimmend für das Wasserregime ist der Zeitpunkt der Schneeschmelze im Einzugsgebiet des Flusses. Denn mit der Schneeschmelze werden die als Eis und Schnee über die gesamte kalte Jahreszeit gespeicherten Niederschlagsmengen freigegeben und im Fluß als Hochwasser abgeführt.
Wann diese Schneeschmelze einsetzt, hängt wesentlich von der Klimazone des Einzugsgebietes ab: Im Westen Europas herrschen vorwiegend atlantische Einflüsse, also ein gleichbleibend mildes Klima – dort beginnt die Schneeschmelze

wesentlich früher als im kontinental geprägten Osteuropa mit seinen extremen jahreszeitlichen Temperaturunterschieden. Loire oder Seine erreichen daher ihre höchsten Wasserstände schon im Februar, Dnjepr und Wolga führen erst im Mai Hochwasser. Neben den Klimaunterschieden, die zwischen West- und Osteuropa bestehen, spielt außerdem noch die Höhenlage des Einzugsgebietes eine große Rolle. Flüsse, die den größten Teil ihrer Wassermassen aus Mittelgebirgen beziehen wie Elbe und Weser, führen viel früher Hochwasser als Flüsse, die aus dem Hochgebirge kommen. Für die Alpenflüsse Rhein und Rhône sind deshalb Sommerhochwasser typisch.

Die Wasserstandsschwankungen sind allerdings nicht an jedem Abschnitt des Flusses gleich. So führen der Alpenrhein, der Hochrhein und der südliche Oberrhein im Juni, zur Zeit der Schneeschmelze in den Alpen, am meisten Wasser. Flußabwärts von Straßburg kommt zu diesem Sommerhochwasser eine weitere Hochwasserspitze im Februar/März hinzu, wenn die Schneeschmelze in Schwarzwald und Vogesen einsetzt. Am Niederrhein ist der Alpeneinfluß dagegen überhaupt nicht mehr zu spüren; hier werden die höchsten Wasserstände im regenreichen Frühjahr gemessen.

Während Sommerhochwasser mit wenigen Ausnahmen alljährlich auftreten, verhält es sich mit den Winterhochwassern ganz anders. Sie entstehen bei schnellem Witterungsumschlag, wenn es mitten im schneereichen Winter plötzlich ungewöhnlich mild wird. Atlantische Tiefdruckgebiete, die sich mit warmer Luft und ergiebigen Regenfällen in den Hoch- und Mittelgebirgen durchsetzen, verursachen ausgeprägte Winterhochwasser. Die Dezember- oder Januar-Hochwasser sind nicht nur unberechenbar, sie waren am unbegradigten Rhein auch häufig mit „Eisgang" gekoppelt: Die riesigen Eisschollen wurden im schnell fließenden Wasserstrom mitgeführt, stauten sich an Engpässen und ließen das Hochwasser nicht mehr abfließen – schlagartig war dann das Land überschwemmt.

Das Wasserregime eines Flusses läßt sich nur darstellen, wenn Pegelstände über mehrere Jahre erfaßt werden, denn die Schwankungen sind zu groß, als daß ein einzelner Zyklus aussagekräftig wäre. Vom Rhein gibt es regelmäßige Aufzeichnungen, die bis ins Jahr 1817 zurückreichen. Die einzelnen Pegelstände werden in sogenannten Wasserstandsganglinien aufgetragen. Faßt man die Ganglinien mehrerer Jahre zusammen und errechnet den Mittelwert für die einzelnen Monate, dann zeigt sich die Regelmäßigkeit im alljährlichen Auf und Ab: Die durchschnittlichen Wasserstände am südlichen und mittleren Oberrhein steigen treppenartig von November bis Juni an und sinken dann kontinuierlich wieder ab.

An diesem Bild hat sich im Vergleich zum natürlichen Zustand, der bis gegen Ende des 17. Jahrhunderts herrschte, kaum etwas verändert. Doch liegt das Flußbett und damit auch der Pegelstand heute ein bis zwei Meter tiefer. Aufgrund der Kanalisierung laufen die Hochwasserspitzen aber noch genauso hoch auf. Doch selbst bei Hochwasser erreicht der Rhein längst nicht mehr die gesamte Flußniederung, weil Dämme ihn in eine schmale Restaue zwingen.

Wechselspiel zwischen Rhein und Grundwasser

Wie das Oberflächenwasser im Rhein, so fließt auch das Grundwasser zum Meer zurück – allerdings geschieht das erheblich langsamer. Während das Flußwasser täglich bis zu 100 Kilometer zurücklegen kann, fließt der Grundwasserstrom im groben Schotterkörper der südlichen Oberrheinebene nur zehn bis dreißig Meter am Tag. In der nordbadischen Rheinebene, wo das Bodenmaterial sehr feinkörnig ist, beträgt die Geschwindigkeit nur noch höchstens einen Meter pro Tag. Aus dem Schwarzwald fließt ein regelmäßiger, kontinuierlicher Grundwasserstrom in Richtung Nordwesten, zum Rhein hin. Wie hoch das Grundwasser steht, das heißt, wie nahe es an die Bodenoberfläche heranreicht, wird im Oberrheingebiet durch den Wasserstand im Rhein beeinflußt und reguliert.

Bei Niedrigwasser strömt Grundwasser in den Rhein – die Grundwasserstände sinken. Wasser, das aus dem Schotterkörper der Niederterrasse austritt, sammelt sich im Auenwaldgebiet und speist Quellkolke, Brunnenwasser oder Gießen. Die vom Flußwasser verlassenen Altarme und Rinnen führen jetzt ausschließlich Grundwasser. Bei Hochwasser kehrt sich der Prozeß um. Die Altrheine werden vom Flußwasser durchströmt, das sich über den stabilen Grundwasserteppich schiebt – er wirkt als Schutzschicht für viele Wasserpflanzen und Kleinorganismen. Auf der gesamten überfluteten Auenfläche wird Wasser in den Kieskörper eingespeist, das vom Gebirge heranströmende Grundwasser staut sich, und der Grundwasser-

Im Sommer ist der Auenwald bei Au am Rhein bis zu vier Meter hoch überschwemmt.

spiegel steigt. Dieses Ansteigen pflanzt sich bei längeren Hochwasserereignissen wie eine Welle vom Rhein in Richtung auf das Hochgestade fort. Der Einflußbereich des Stromes reicht im groben Sediment der südbadischen Rheinebene bis zu fünf Kilometer weit in das Hinterland – in Nordbaden sind es noch etwa drei Kilometer.

In dieser rheinnahen Zone schwanken die Grundwasserstände mit dem Flußwasserstand – nur zeitlich verzögert. Da der Oberrhein während der Sommermonate in der Regel viel Wasser führt, wird die gesamte Niederung – auch außerhalb der eigentlichen Überschwemmungsgebiete – mit einem hohen Grundwasserspiegel versorgt. Während der Vegetationsperiode im warmen, niederschlagsarmen Sommer ist dieser Wasserreichtum von großem Vorteil – hier gedeihen sowohl die Auenpflanzen und -wälder als auch die vom Menschen angebauten Feldfrüchte und Nutzhölzer ganz besonders gut.

Alles im Fluß: Geröll, Kies, Sand

Mit dem Flußwasser bewegen sich auch große Mengen fester Bestandteile zu Tale – sie werden im Quellgebiet und am Oberlauf abgetragen (erodiert), je nach Wasserstand und Gefälle weitertransportiert und dabei mehr und mehr zerkleinert. Doch nicht das gesamte Geröll gelangt auch bis zur Mündung des Flusses: Ein Teil der zersplitternden Felsbrocken wird in Form von Schotter, Kies oder Sand schon weiter oben am Flußlauf wieder abgelagert (sedimentiert).

Dabei gestaltet das Sediment das Aussehen des Flußlaufes auch mit, denn durch die Ablagerungen verändert sich die Fließdynamik des Gewässers, und das beeinflußt wiederum die Art und Weise, wie abgelagert wird.

Je nach Neigung des durchflossenen Geländes und der Beschaffenheit des Untergrundes ergeben sich dabei charakteristische Erscheinungsformen im Flußbild – sie lassen sich als Ober-, Mittel- und Unterlauf voneinander abgrenzen.

In den Gebirgszonen fließt das Wasser bei starkem Gefälle zunächst geradlinig ab – in schmalen Talgründen oder tief eingeschnittenen Kerbtälern. In diesem schnell fließenden Oberlaufbereich können noch größere Gesteinsblöcke und Schotter transportiert werden.

Beim Eintritt in das Tiefland wird der Strom gebremst und teilt sich in mehrere gleichberechtigte Arme auf. In dieser Furkations- oder Verwilderungszone des Mittellaufs verliert der Fluß mit der Fließgeschwindigkeit auch an Schleppkraft: Es wird sowohl abgetragen (vor allem im Sohlenbereich) als auch angelandet.

Wird das Gefälle noch geringer, dann werden die Ablagerungen immer umfangreicher und die einzelnen Gerinne vereinigen sich wieder zu einem einheitlichen Unterlauf, dem Talweg. Statt an der Sohle seines Betts zu nagen, geht der Fluß jetzt eher in die Breite und fließt in großen weiten Bogen, den Mäandern, seiner Meeresmündung, dem Delta entgegen.

Diese Abfolge tritt am Rhein mehrfach auf, so daß sich der Flußabschnitt zwischen Basel und Bingen, der „Oberrhein", nochmals in einen Mittel- und Unterlauf gliedert.

Furkations- und Mäanderzone des Oberrheins

Die ursprüngliche Flußlandschaft des südlichen Oberrheins zwischen Basel und Rastatt war ein Inselmeer inmitten eines wirren Netzes von Gerinnen: Die Rheinarme flossen mehr oder weniger parallel nebeneinander her, krümmten sich, um miteinander zu verschmelzen und sich kurz darauf wieder zu teilen. Bei einem Gefälle von noch 1,0 bis 0,4 Promille, also 100 bis 40 Zentimetern pro Kilometer Flußstrecke, bildete der Rhein eine Furkationszone aus, wie sie für einen Flußmittellauf typisch ist. Durch Sohlenerosion tiefte sich der Rhein einerseits weiter in den Schotterkörper ein, schüttete aber mit dem Hochwasser auch immer wieder neue Kiesbänke und Inseln auf.

Wie jung der Fluß ist, zeigte sich im südlichen Oberrheingraben an der natürlichen Eintiefung des Flußlaufes, die bis zum Eingreifen des Menschen herrschte – es war noch kein Gleichgewicht zwischen Erosion und Sedimentation entstanden: Der Bodensee fing einen Teil des alpinen Geschiebes ab, und der Rhein behob den Mangel, indem er seit Ende der letzten Eiszeit Material aus der südlichen Oberrheinebene abtrug (diese natürliche Eintiefung wurde durch Begradigungen noch verstärkt).

Bei Niedrigwasser zeigte sich die bizarre Flußlandschaft in ihrer vollen Ausdehnung: Zwischen Basel und Rastatt gab es tausende von Kies-, Sandbänken und bewaldeten Inseln. Die größten von ihnen waren noch sichtbar, wenn bei mittlerem Wasserstand das Flußsystem bis an die Ufer trat. Auenwälder und Altrheingebiete waren bei Hochwasser überflutet und nur vereinzelte Spitzenfluten brachten es fertig, die gesamte nacheiszeitliche Rheinaue mit Wasser zu füllen. Einen Eindruck dieser natürlichen Auenlandschaft am südlichen Oberrhein hat Peter Birmann (1758-1844) in seiner „Aussicht vom Isteiner Klotzen auf den Rhein" um 1840 festgehalten – heute ist davon allerdings nicht mehr viel übrig geblieben.

Der Naturstrom Rhein änderte in der Furkationszone häufig seinen Lauf – ganze Waldgebiete konnten dabei unterspült und abgetragen werden, während sich an anderer Stelle neues Land bildete, das nach und nach wieder von pflanzlichen und tierischen Organismen besiedelt wurde.

Bis sich auf einer eben angespülten kahlen Kiesinsel ein Wald entwickelt, kann es allerdings mehrere Jahrzehnte dauern. Weil die stromnahen Lebensräume durch die natürliche Dynamik von Wasser und Substrat fortwährend umgeschichtet und umgelagert wurden, blieb das Hauptgerinne-System meist waldfrei.

Erst auf der Höhe von Rastatt ist die Geländeneigung so gering, daß die einzelnen Flußarme des unverbauten Rheines die Tendenz zu stärkeren Windungen zeigten und sich nach und nach zu einem breiten Gerinne vereinigten. Nördlich von Mannheim machte sich auch der Rückstau vor dem engen Durchfluß durch das Rheinische Schiefergebirge bemerkbar, wo der „Mittelrhein" die Stromschnellen des Binger Lochs überwinden muß. Am nördlichen Oberrhein zeigte der Wildstrom deshalb ein völlig anderes Bild: die weit ausschwingenden Flußmäander des Unterlaufs.

Bei einem Gefälle von weniger als 0,3 Promille (30 Zentimetern pro Kilome-

So sah Peter Birmann 1840 den südlichen Oberrhein. Seine „Aussicht vom Isteiner Klotz" in Richtung Basel zeigt die typische Furkationszone des Flusses.

Ungefähr 2000 Flußinseln bestimmten das Erscheinungsbild des Wildstroms von Basel bis Rastatt.

ter) bildete sich diese energetisch günstige Form des Flußlaufs aus. In den weiten Stromschlingen überwiegt die Seitenerosion – die Wassermassen nagen nicht mehr an der Flußsohle, sondern sie werden durch die Zentrifugalkraft an den äußeren Rand des Flußbetts gedrückt.

Der Wasserkörper beginnt sich dort umzuwälzen, indem er am äußeren Kurvenrand nach unten taucht und am inneren Rand wieder aufsteigt. Diese Wasserwalze gräbt sich wie ein Schaufelbagger in den äußeren Kurvenrand, den Prallhang, und lagert das losgespülte Material am inneren Kurvenrand, dem Gleithang, wieder ab.

Auf diese Weise wanderte der Rhein bis zu 100 Meter im Jahr seitwärts durch die Landschaft. Dabei konnte er noch in historischer Zeit seine Aue verbreitern, indem er Teile der Niederterrasse abtrug. Bei größerem Hochwasser konnten Engstellen zwischen zwei Mäanderbögen auf natürliche Weise durchbrochen werden, so daß sich der Lauf verkürzte. Auch die Auenlandschaft der Mäanderzone war also einer ständigen Verwandlung unterworfen.

Trotzdem bleiben in der Stromaue eines natürlichen Flußsystems die Flächenanteile der einzelnen Landschaftsformen mehr oder weniger konstant: Eine Art natürliches Gleichgewicht stellt sich ein.

Die regelmäßigen Verheerungen sind erst der Garant dafür, daß beispielsweise fruchtbare Rohböden immer wieder neu entstehen. Der Wildstrom schafft mit seiner Gestaltungskraft eine einzigartige Vielgestaltigkeit an Lebensräumen – und solange die Dynamik des Flusses ungebrochen ist, kommt der Erneuerungsprozeß niemals zum Erliegen.

Schwebende Flußtrübe – Eintrag von Auenlehm

Wie das Erscheinungsbild des Flusses, so ändert sich auch die Größe der im Flußbett transportierten Teilchen. In der Mäanderzone werden fast nur noch Tone, Schluffe und Feinsande mitgeführt, die durch mechanische Erosion in den Fluß gelangen und immer stärker zerkleinert werden.

Die feinsten Korngrößen wie Schluff und Ton sinken aufgrund ihrer großen Oberfläche und ihres geringen Gewichts gar nicht mehr ab – sie bleiben in der Schwebe, verteilen sich gleichmäßig im Wasser und werden sehr weit transportiert. Diese Suspensionsfracht stammt nicht aus dem Hochgebirge – durch Sohlen- und Seitenerosion gelangen Feinsedimente in den strömenden Wasserkörper, wobei die Flußtrübe mehr und mehr zunimmt.

In der ursprünglich waldbedeckten Naturlandschaft war diese Schwebstofffracht allerdings wesentlich geringer als heute, denn erst mit dem Ackerbau werden Bodenflächen zeitweilig so bloßgelegt, daß die Auswaschungen der Feinböden für das ökologische Gleichgewicht der Fließgewässer zur Belastung wird.

Mittlerweile erreicht die Suspensionsfracht im Niederrhein bei Xanten ein Vielfaches des an der Flußsohle mitgeführten Geschiebeanteils. Im flachen Mündungsgebiet des Flusses werden die Schwebstoffe abgesetzt oder durch salzhaltiges Meerwasser ausgeflockt. Innerhalb weniger hundert Jahre kann so ein riesiger Schwemmfächer entstehen, ein sogenanntes Flußdelta.

Nicht die gesamte Schwebefracht gelangt jedoch bis zur Mündung des Flusses – ein Teil davon bleibt in den Auen als fruchtbare Lehmdecke zurück. Im Auenwald, der noch im 18. Jahrhundert den Talweg des Oberrheines beidseitig als geschlossenes Band säumte, werden bei Hochwasser große Mengen an Feinmaterial, Humus und Laub aufgenommen und verdriftet. Klingt die Hochwasserwelle ab, dann lagern sich die feinen Schwebstoffe teilweise wieder in der Aue ab.

Dabei werden die Teilchen vom Wasser fein säuberlich nach Gewicht und Korngröße sortiert: Bei Hochwasser werden zuerst die „schwersten" Bestandteile abgesetzt. An den Ufern entstehen deshalb vorwiegend sandige Wälle, während die feineren Schluff- und Tonteilchen weiter in die Aue hineingespült werden und erst langsam bei zurückgehenden Wasserständen absinken.

Je heftiger die Flutwelle ist, desto weiter wird auch der Sand in die Niederung getragen. Selbst an Baumstämmen und Pflanzen bleiben Spuren des Auenlehms kurzfristig haften – die graubraunen Lehmmarkierungen zeigen den Höchststand der Überflutung an.

In flachen Senken können sich von Mal zu Mal einige Millimeter des braunen Auenlehms ablagern. So entstehen im Laufe der Jahre mächtige Lehmdecken, die im Profil helle und dunkle Streifen aufweisen: Das helle Material enthält mehr Sand, die dunklen Streifen sind feiner und stärker von Tonteilchen durchsetzt. Die Ablagerung feinster Bodenpartikel stellt eine Besonderheit der Auen dar, und diese natürliche Nährstoffzufuhr und regelmäßige Düngung macht die Überschwemmungsbereiche zu einem überaus fruchtbaren Lebensraum.

Die Zerstörungskraft des Hochwassers war für die Rheinanlieger jahrhundertelang die größte Bedrohung. „Rheinüberschwemmung bei Karlsruhe im Jahr 1887", Gemälde von Friedrich Kallmorgen, 1888.

URWALD IN EUROPA?

Standortbedingungen für die Pflanzenwelt

Für jeden etwas, so könnte das Motto der Oberrheinischen Flußaue heißen – kein anderer Lebensraum in Mitteleuropa vereint so viele verschiedene Biotoptypen auf engstem Raum wie die Auen: Von der kargen Sandbank bis zur nährstoffreichen Talaue finden Pflanzen eine bunte Palette von Lebensbedingungen vor. So können über siebenhundert Farn- und Blütenpflanzen-Arten nebeneinander in der mitteleuropäischen Flußauenlandschaft existieren. Unter diesen Auenpflanzen befindet sich eine große Zahl von Spezialisten, die teilweise sehr ausgefallene Anpassungen an die schwankenden Wasserstände entwickelt haben: Pionier-Gesellschaften besiedeln schnell und massenhaft jede frisch angespülte Bodenfläche, die Samen des Schlammlings warten fast das ganze Jahr im Schlick auf die kurze Zeit des Trockenfallens, und die Silberweiden haben sich mit den langen Überflutungszeiten

Wie eine grüne Wand erscheint der spätsommerliche Hartholzauenwald, der sich im Berghausener Altrhein spiegelt. Entlang der hohen Uferwälle stehen mächtige Eichen, Eschen und Ulmen.

arrangiert – sie ertragen im Extremfall bis zu 300 Tage „nasse Füße" im Jahr. Auch das Wasser bietet eine Vielzahl von Lebensbedingungen: Die Strömung kann reißend sein oder ganz fehlen, Nährstoffeintrag und Lichteinfall unterscheiden sich je nach Gewässertyp. Während das Grundwasser gleichmäßig kühl bleibt, erwärmen sich flache Stillwasser im Sommer sehr stark und frieren im Winter völlig durch. Unterschiedlichste Wasserpflanzenarten gedeihen deshalb im Flußlauf, in strömungsarmen Kolken, nährstoffreichen Altarmen, grundwasserführenden Gießen, austrocknenden Hochwasserrinnen (Schluten) und Druckwassertümpeln. Die Dynamik des Flusses hat auch hier Spezialisten hervorgebracht: Amphibische Überlebenskunst bewahrt Tannenwedel und Seekanne ebenso vor dem Vertrocknen wie die Wassernuß, die zudem mit luftgefüllten Schwimmblättern und elastischer Ankerkette dem Hochwasser widersteht. Am Oberrhein sorgen außerdem das trockenwarme Klima der Tiefebene, die nährstoffreichen Überschwemmungen und die hohen Grundwasserstände für nahezu tropische Bedingungen mit entsprechend üppigem Pflanzenwachstum. Die natürlichen Rheinauenwälder zählen deshalb zu den arten- und strukturreichsten Lebensgemeinschaften der gemäßigten Klimazone, zu den produktivsten Waldgesellschaften Europas. Hier kann eine einzelne Pappel in nur 70 Jahren über 40 Meter hoch und an der Stammbasis 1,6 Meter dick werden. Selbst die sehr langsam wachsende Stieleiche erreicht in nur 100 Jahren einen Stammdurchmesser von 90 Zentimetern, was außerhalb des Überflutungsbereiches noch einmal 40 Jahre länger dauern würde.

Stille, sommerwarme Altwasser werden vom Schilf eingerahmt, und Schwimmblattpflanzen wie die Weiße Seerose gedeihen hier prächtig. Das üppige Pflanzenwachstum führt allmählich zur Verlandung, und in einigen Jahrzehnten wird sich der Auenwald auf diesen Flächen ausbreiten, bei Hagenbach-Neuburg.

Die Bodenbeschaffenheit der Aue ist an einigen Standorten sehr günstig für Pflanzen, allerdings ist sie nicht einheitlich – das Angebot reicht von groben Kiesrücken bis zu mächtigen Auenlehmdecken. In der nordbadischen Rheinaue sind die Böden sogar so tonig, daß sie im Sommer große Trockenrisse bekommen. Ganz besondere Lebensbedingungen bieten die Uferwälle in der Nähe der Altarme, denn hier schwanken die Grundwasserstände sehr stark – in einem Rhythmus, der für viele Bäume und Pflanzen ideal ist. Während der Wachstumsperiode herrschen an den Uferwällen die höchsten Grundwasserstände, so daß die Auenbäume dort wie Hydrokulturpflanzen in einer Nährlösung stehen. Im lockeren Boden konnten die Wurzeln tief eindringen und sich beliebig ausdehnen, so daß sie jetzt über die große aktive Wurzeloberfläche das reiche Angebot der Auen nutzen: Wasser, Nährstoffe und gelöster Sauerstoff gelangen über die feinen Wurzelhaare in die Pflanzen. Selbst wenn die Stammfüße der Bäume überflutet werden, können sie aus dem Flußwasser durch bestimmte Zellen oder zusätzliche Stammwurzeln Sauerstoff aufnehmen. Wenn im Spätsommer und Herbst die Wasserstände sinken, wächst vor allem das Wurzelwerk sehr stark. Die zahlreichen kleinen Zwischenräume im Boden der Uferwälle füllen sich dann mit Luft, und dieses Porenvolumen versorgt die Wurzeln mit dem notwendigen Sauerstoff.

Nicht nur Auenbäume gedeihen entlang der Altarme prächtig, auch krautige, nährstoffliebende Pflanzen wie Sumpf-Schwertlilie oder Brennessel neigen dort zu Riesenwuchs. Das wachstumsfördernde Schwanken des Grundwassers ist typisch für die gesamte Aue, es schwächt sich allerdings mit zunehmender Entfernung von den Uferwällen ab. Bleibt das Sommerhochwasser einmal aus, dann werden die Jahresringe der Bäume etwas dünner und das Wachstum der Pflanzen wird verlangsamt. Fehlen dagegen ausgesprochene Niedrigwasserperioden, dann können Wurzeln im Dauerstau ertrinken und abfaulen. Die meisten Baumarten im Auenwald vertragen allerdings recht lange Überflutungen. Stirbt wirklich einmal ein Baumriese ab oder wird von Flut oder Wind umgeworfen, ist er im Handumdrehen von Lianen, Kräutern oder Stauden überwuchert.

Diese urwüchsige Lebenskraft verwandelt die ältesten und strukturreichsten Auenwälder in der warmen Jahreszeit in einen undurchdringlichen Dschungel – eine dichte grüne Pflanzenwand. Dieser „europäische Urwald" hält dem direkten Vergleich mit den tropischen und subtropischen Regenwäldern zwar nicht stand, doch die wenigen Quadratkilometer noch erhaltener deutscher und französischer Rheinauenwälder stellen heute eine einzigartige Waldform dar – ein bedrohtes Paradies.

Die Abfolge der Besiedlung

Mit jedem Höhen-Zentimeter verändern sich die Lebensbedingungen in der Aue, denn die jeweilige Hoch- oder Tieflage entscheidet darüber, wie heftig ein Geländeabschnitt überschwemmt wird und wie schnell das Hochwasser wieder abfließt – ob Büsche und Sträu-

Weidendickichte säumen den Berghausener Altrhein bei Speyer.

cher kurzfristig bis zum Hals im Wasser stehen oder ob sie tage- und wochenlang völlig untertauchen. Weil das Land vom Gewässer aus langsam ansteigt, ergibt sich eine charakteristische Abfolge von Pflanzengesellschaften, die mehr oder weniger feuchtigkeitsliebend oder überflutungstolerant sind. Auch bei den Wasserpflanzen ist eine Abstufung anzutreffen, hier entscheidet vor allem das periodische Trockenfallen über Leben und Tod.

Jede Art der Besiedlung durch Pflanzen erweitert das Angebot der vom Fluß ursprünglich geschaffenen Lebensräume noch zusätzlich: Neu aufgeworfener Bodengrund wird durch Wurzelwerk festgehalten und verfestigt, und Schattenwurf ebnet den Weg für junge Waldbäume. In der Besiedlungsgeschichte von Kiesbänken oder Schwemmland ist deshalb ebenfalls eine bestimmte Reihenfolge vorgegeben. Außerhalb der Aue ist nach Jahren oder Jahrzehnten ein Schlußpunkt der Entwicklung erreicht – es hat sich eine für Boden und Klima typische Pflanzengesellschaft gebildet. Der dynamische Fluß stößt solche Besiedlungsabfolgen jedoch immer wieder von neuem an, weil seine Flutwellen ganze Vegetationsstreifen mit sich reißen oder ertränken. Ausbleibende Hochwasser dörren hingegen die feuchtigkeitsliebenden Organismen aus – auch „Trockenstreß" kommt in der Aue vor. Doch erst die ständige Zerstörung und Erneuerung erklärt die enorme Artenvielfalt im Auenlebensraum – sie ist ein Teil des Auenprinzips.

Jedes Biotopelement der oberrheinischen Auenlandschaft wird von einer bestimmten Pflanzengesellschaft besiedelt – darunter finden sich jeweils einige sehr typische und auffällige Vertreter, die wir vorstellen wollen.

Eine Rarität ist der Schwimmfarn, der mit moosartigen Polstern aus vielen lose treibenden Einzelblättern die Oberfläche der Stillwasser bedeckt – er kommt nur noch an wenigen Stellen am Oberrhein vor.

Mit niedrigen Wasserständen kommen die aufschwimmenden Pflanzen allesamt besser zurecht als die untergetaucht lebenden Laichkräuter oder das Nixenkraut. Beide sind in Altrheinen sehr häufig. In besonders schattigen Buchten mit Grundwassereinfluß kommt die seltene Wasserfeder vor, und auch der Tannenwedel sproßt in Gewässern mit starkem Grundwassereinfluß. Dort, wo das Wasser sich bewegt, sind Flutender Hahnenfuß und Wasserstern zu finden. Beide bilden in der Strömungslinie von Quellkolken und Gießen dichte Flutrasen.

Amphibische Lebensweisen: Die Sproßspitze des Tannenwedels ragt über den Wasserlinsen-Teppich und die Wasseroberfläche empor. Bei sinkenden Wasserständen gedeiht er auch auf den zurückbleibenden Schlickflächen.

Die Seekanne liebt flache, sommerwarme Altrheine, die im Spätsommer häufig trockenfallen. Umrahmt wird die Seekanne hier vom Algenfarn.

Wasserpflanzen

Altrheine sind im Sommer von den dichten Blätter-Teppichen der Gelben Teichrose bedeckt, auch die Weiße Seerose und die äußerst gefährdeten Schwimmblattpflanzen Wassernuß und Seekanne kommen an einigen Stellen des Oberrheins noch vor – dort sogar dicht an dicht: Im Herbst sind die rötlichen Wassernuß-Rosetten häufig von einem gelben Kranz der blühenden Seekannen umsäumt. Schwimmblattpflanzen wurzeln im weichen Bodengrund und widerstehen so der Wasserströmung, dagegen treiben Wasserlinsen frei an der Oberfläche. Sie bevorzugen nährstoffreiche Stillgewässer, sind aber auch zusammen mit Wasserkresse, abgerissenen Sprossen und anderem Getreibsel als schwimmende Inseln anzutreffen.

Röhricht- und Schlammbodenpflanzen

Entlang der Altrheinufer erstrecken sich Verlandungszonen, die von der Pioniergesellschaft des Rohrkolben-Röhrichts besiedelt werden. Sie setzen sich aus Pflanzen-Arten wie der inzwischen weitgehend ausgestorbenen Dreikantigen Teichbinse, dem Zwergrohrkolben und der Schneide sowie den häufigeren Arten Schmal- und Breitblättriger Rohrkolben und Rohrglanzgras zusammen. Hier gedeihen auch Sumpf-Herzblatt, Kalmus, Gelbe Schwertlilie und die Schwanenblume. Stromtalpflanzen wie der Späte Bitterling, der Zweizahn, die Sumpf-Platterbse und das Kleine Tausendgüldenkraut säumen die schlickigen Ufer, während an klaren Gießen Wasserminze, Aufrechter Merk und der Wiesen-Wasserfenchel Flutrasen aufbauen.

Die Pflanzenzusammensetzung des Rohrkolben-Röhrichts verändert sich allmählich: Sie wird nach und nach vom Schilf durchsetzt und verdrängt – auch Weiden kommen hinzu, wenn nicht die Flußdynamik neue Bedingungen schafft.

Pioniere auf Kies- und Sandbänken

Die ständig in Umformung begriffenen Kiesbänke und Sandfelder des Hauptgerinnes sind der Lebensraum ausgesprochener Pionierpflanzen. Typische Erstbesiedler sind Kräuter und Gräser, die viel Licht brauchen, sehr zäh und widerstandsfähig sind und ungeheure Mengen von Seitentrieben und Samen produzieren. Viele dieser Ruderalpflanzen (lat. rudus = Schutt, Geröll) kommen auch auf Ödland, Schuttplätzen und Ackerbrachen vor. In der Stromaue verfestigen sie den aufgeworfenen Boden und sorgen bei hohem Wasserstand dafür, daß sich in ihrem Blattwerk weiteres Getreibsel verfängt. Dabei bremsen sie den Wasserstrom etwas ab, so daß sich feines Sediment absetzen kann. Typische Pionierarten der Kies- und Sandbänke sind Wilde Möhre, Gemeine Nachtkerze, Echter Steinklee, Schwarzfrüchtiger Zweizahn und das Rosmarin-Weidenröschen.

Eine Besonderheit der nordbadischen Rheinaue ist der Schwimmfarn. In der Bildmitte lugt gut getarnt ein Wasserfrosch aus dem grünen Pflanzen-Polster.

Urwüchsige Silberweidenwälder werden bis zu 300 Tage im Jahr vom Flußwasser umspült. In manchen Jahren stehen die knorrigen Weidenstämme sogar ununterbrochen von April bis September im Wasser, Illinger Altrhein.

Die Weichholzaue

Auch Holzarten wie Weiden, Pappeln und Grauerle können sich auf Schwemmland ansiedeln. Ein vom Fluß verdrifteter Stamm, ein Ast oder die Wurzel einer solchen schnellwüchsigen Weichholzart treibt neu aus und kann auf einer Flußinsel oder einem angelandeten Altrheinufer den Grundstein für einen ganzen Wald legen. Unter günstigen Bedingungen keimen auch die angespülten oder verwehten Samen aus und überziehen neues Schwemmland quasi über Nacht mit einem dichten grünen Filz.

Die Silberweide gewinnt nach einiger Zeit die Oberhand im stromnahen Bereich, in höher gelegenen Abschnitten kommt die Schwarzpappel hinzu – es entsteht der typische Weichholzauenwald. Beide Arten können sehr lange im Wasser stehen (die Silberweide im Durchschnitt 175 Tage, maximal bis zu 300 Tage im Jahr) und dabei auch hohe Strömungsgeschwindigkeiten verkraften. Als junge Bäume setzen sie der mechanischen Belastung ihre Biegsam-

keit entgegen, denn Weichholzarten verkernen ihr Holz sehr spät und bleiben deshalb lange flexibel. Selbst wenn der Wasserstrom sie völlig niederdrückt und das Flußgeschiebe ihre Rinde zerfetzt und abschält, können sie sich oftmals wieder aufrichten und weiterwachsen.

Mindestens 100 Tage im Jahr werden die Uferbänke der Altrheine überflutet, meist sind es knapp 200 Tage. Selbst am „gezähmten" Oberrhein kann das Wasser kurzfristig bis zu vier Meter hoch über dem Grund stehen – zumindest dort, wo noch keine Staustufen gebaut wurden. Nördlich von Iffezheim erstrecken sich auch heute noch die hell schimmernden Silberweidenwälder der Weichholzaue.

Weil Pflanzen längere Überflutungen nur dann überstehen, wenn ein Teil ihres Blattwerks noch aus dem Wasser ragt, ist das Unterholz des Silberweidenwalds licht und artenarm. Nur strauchhohe Korb-, Mandel- oder Purpurweiden können sich in der Weichholzaue behaupten. Die Krautschicht bilden Schlammbodenpflanzen wie

Silberweiden sind echte Überlebenskünstler: Alte Weiden brechen auseinander, bilden neue Wurzeln und Triebe an Stämmen und Ästen und festigen das Ufer durch dichte Weidenfilze, Berghausener Altrhein bei Speyer.

Brunnen- und Wasserkresse, Knötericharten, Sumpf-Vergißmeinnicht, Sumpf-Labkraut sowie Rohrglanzgras und Sumpf-Schwertlilie.

Die Hartholzaue

Wenn sich eine natürliche Flußschlinge allmählich verlagert und dabei von einer jungen Kiesinsel oder einem Uferabschnitt entfernt, können zu den Silberweiden und Schwarzpappeln in einer zweiten Gehölzgeneration Feld- und Flatterulmen stoßen. Der ursprüngliche Charakter der Weichholzaue geht mehr und mehr verloren, und es entwickelt sich ein Hartholzauenwald. Verlegt der Strom sein reißendes Bett dagegen wieder auf den Wald zu, so wird er unterspült und teilweise zerstört – die Verjüngung beginnt von vorne. Das abgetragene Holz kann schon auf der nächsten Kiesinsel wieder angespült werden und austreiben.

Dauerhafte Hartholzauenwälder können sich an Wildflüssen erst einige hundert Meter vom Hauptgerinne entfernt entwickeln. Auf diesen höher gelegenen Flächen sind die Überschwemmungen weniger hoch und reißend. In der Pflanzengesellschaft der Hartholzaue überwiegen langlebige Eichen und Ulmen, die durchschnittliche Überflutungshöhen von einem halben bis höchstens zweieinhalb Meter und eine jährliche Überflutungsdauer von nicht mehr als 100 Tagen verkraften.

Es dauert allerdings Jahrzehnte, bis sich die Hartholzaue voll entfaltet hat. Erst nach rund 150 Jahren entwickelt sie den typischen Arten- und Strukturreichtum. Allein zehn Schlinggewächse, 30 Strauch- und 20 Baumarten sind im

Blütenzauber im Hartholzauenwald: Im Frühling verbreitet der Bärlauch seinen Knoblauchduft.

Der Blaustern zählt ebenfalls zu den Frühjahrsblühern. Er wächst, blüht und setzt Früchte an, noch ehe sich das Laubdach schließt.

„reifen" Hartholzauenwald vertreten – ein „gewöhnlicher" Wald hat dagegen selten mehr als acht verschiedene Baumarten aufzuweisen. Im modernen Wirtschaftswald beschränkt sich die Anzahl oft sogar nur auf drei oder vier Arten.

Die Kronen der Stieleichen, Feldulmen, Flatterulmen, Eschen und Graupappeln bilden das lichte Dach der natürlichen Hartholzauenwälder. Darunter gedeihen Feldahorn, Wildbirne, Wildapfel, Hainbuche sowie die Winterlinde.

Je nach Höhenlage zum Fluß lassen sich innerhalb der Hartholzaue nochmals zwei Bereiche unterscheiden. In der tiefen Hartholzaue, die häufiger und länger überflutet wird, gibt die lichte Strauchschicht aus Hartriegel und Wasserschneeball einer üppigen Krautschicht nährstoffliebender Hochstauden wie Brennessel und Knoblauchsrauke Raum.

Dagegen ist in der hohen Hartholzaue die Strauchschicht reichhaltiger und dichter – Schlehe, Nußdorn, Pfaffenhütchen und Hasel kommen hinzu. Vor dem Laubaustrieb wird der Boden von Frühjahrsblühern wie Bärlauch, Einbeere, Aronstab, Scharbockskraut und Blaustern bedeckt.

Die üppige Arten-Vielfalt im Unterholz kann nur entstehen, weil die auentypischen Harthölzer noch genügend Licht in die unteren Etagen fallen lassen. Hartriegel, Weißdorn, Pfaffenhütchen oder Hasel können hier sogar ihre strauchartige Wuchsform aufgeben und einen meterhohen Stamm bekommen. Die in Mitteleuropa weit verbreitete Rotbuche, die ein lichtdichtes Kronendach ausbildet, hat in der Aue kaum eine Chance: Sie verträgt höchstens sieben Tage Überschwemmung.

Auf nährstoffreichen Auenlehmböden bildet Bärlauch dichte Blütenteppiche. So üppig ist er vor allem in den höher gelegenen Hartholzauenwäldern zu finden.

Auch die Einbeere gehört zu den Frühjahrsblühern, die im Hartholzauenwald gedeihen.

Trockenstreß auf Geländerücken und Kiesinselköpfen

Innerhalb der Hartholzauen gibt es vereinzelt auch extrem trockene Standorte: Wenn sich der natürliche Flußlauf immer weiter entfernt, bleiben die regelmäßigen Überflutungen allmählich aus. Die höchsten Geländerücken, die Köpfe, können den Kontakt zum Grundwasser verlieren und sind meist nur noch spärlich vom typischen Hartholzauenwald bedeckt. Es entwickeln sich statt dessen die lichten, wärmeliebenden Stieleichenwälder, auch können sich hier einzelne Rotbuchen, Kirschen oder Kiefern ansiedeln. In offenen Bereichen, die natürlich oder durch Rodungen entstanden, finden sich Sanddorn-Gebüsche sowie orchideenreiche Halbtrocken- und Trockenrasen. Helm- und Pyramiden-Knabenkraut kommen am Oberrhein noch vergleichsweise häufig vor. Auch Klappertopf und Natternkopf sind hier vertreten.

Trocken-Inseln können aber auch ganz nahe am Flußlauf eines Wildstromes entstehen, etwa wenn bei Hochwasser sehr hohe Kiesbänke aufgeschüttet werden. Im lockeren Schotterhügel hat das Wasser keinerlei Halt, so daß die höchsten Punkte der Insel nach dem Abklingen der Flut keine Verbindung mehr zum Grund- oder Flußwasser haben. Solche trockenen Kiesköpfe stellen ganz besondere Bedingungen, denn die Pflanzen müssen oft innerhalb weniger Tage von Überflutung auf absolute Dürre umschalten. Die Schwarzpappel meistert sowohl Hochwasser als auch Trockenstreß, allerdings wächst sie dann eher buschig als baumförmig.

Schlingpflanzen an Waldrändern und auf Lichtungen

An den Waldrändern und Lichtungen, die durch Windbruch oder das Absterben alter Bäume entstehen, weben lichthungrige Schlinggewächse wie Waldrebe, Wilder Hopfen, Schmerwurz und Bittersüßer Nachtschatten einen dichten Vorhang aus Lianen. Die seltene Wilde Weinrebe steht gerne auf sandigem Boden am Gewässerrand – in Deutschland hat sie nur am Oberrhein an wenigen Stellen überlebt. Von allen Schlinggewächsen verträgt allein das Efeu soviel Schatten, daß es auch im dichten Auenwald wachsen kann.

Aus der zartgrünen Blüte des Aronstabes entwickeln sich im Laufe des Sommers leuchtend rote Fruchtstände mit giftigen Beeren.

Das Auenjahr

Der Jahreszeitenwechsel ist in der Auenlandschaft von außergewöhnlich großen Wasserstandsschwankungen geprägt und bringt extreme Lebensbedingungen mit sich. Wie die Pflanzen diese Anforderungen meistern, wollen wir in einem Gang durchs Auenjahr vorstellen – und dabei einen kleinen Einblick in diesen urtümlich vitalen und wandelbaren Naturraum geben.

Frühjahrshochwasser und erste Blüten

Gegen Ende des Winters sieht die oberrheinische Auenlandschaft recht kahl und unbelebt aus. Im März ist es noch einmal sehr kalt geworden, und im Schwarzwald und den Vogesen liegt Schnee. Erst eine Warmfront bringt Tauwetter und einige ergiebige Regentage. Die größten Zuflüsse Kinzig, Murg und Ill füllen sich rasch mit dem Schmelz- und Regenwasser, und schon am folgenden Tag tritt der Oberrhein über die Ufer. Das trübe Flußwasser strömt zunächst in die Silberweidenwälder und Pappelpflanzungen entlang der Altrheine, dann fließt es in die Hartholzaue. Nach zwei bis drei Tagen ist das Wasser aus den Wäldern wieder verschwunden, und nur die tiefliegenden Uferbänke sind noch überflutet. Am Boden bleiben einige Millimeter vom braunen, feuchten Auenlehm zurück, der beim Trocknen

Wechselnde Wasserstände in der Aue. Der gleiche Altarm südlich von Speyer: im Frühjahr, Sommer, Herbst und Winter.

eine schmutzig graue Farbe annimmt. Auch die mächtigen Stammfüße der Pappeln und Eichen sind vom Lehm grau eingefärbt. Und in Sträuchern oder an tiefen, ausladenden Ästen ist allerlei Getreibsel hängen geblieben.

Ohne ein schützendes Laubdach erwärmt die Märzsonne rasch den Waldboden und schon einige warme Tage bringen die Pflanzenentwicklung in Gang. Der Auenwald begrünt sich von unten her und zeigt sich jetzt von seiner schönsten Seite. Der eben noch überschwemmte schlickige Auenlehm wird flächendeckend vom gelbblühenden Scharbockskraut überzogen, stickstoff- und feuchtigkeitsliebende Arten wie Brennessel, Sumpf-Schwertlilie, Stumpfblättriger Ampfer und Gewöhnliches Rispengras treiben aus.

In der hohen Hartholzaue, die nur kurz überflutet war, entwickelt sich der dichte, grüne Pflanzenteppich der Frühjahrs-Geophyten, die mit ihren Zwiebeln und Knollen die kalte Jahreszeit überdauert haben. An sonnigen Märztagen geben sie dem Waldboden seinen ersten Farbanstrich: Blausterne bilden tiefblaue Rasen, Buschwindröschen erstrahlen in klarem Weiß und gelbe Tupfer werden von Schlüsselblumen und Gelbsternen beigesteuert. Wesentlich schlichter und unauffälliger sind die Blüten des Zweiblatts und der Braunroten Schuppenwurz gefärbt. Auch der Blütenkelch des Aronstabs ist unscheinbar grünlich weiß, allerdings verrät er sich durch seine Größe und seinen unangenehmen Aasgeruch.

Das Laubdach schließt sich

Im April begrünen sich nach und nach die oberen Stockwerke des Auenwaldes. Zuerst platzen die dicken Knospen der Pappeln und Weiden auf und hüllen die Weichholzaue in einen zartgrünen Mantel. Die Silberweiden zeigen ihr blaßgrünes Blattwerk, das sich mit dem hellen Gelb der blühenden Weidenkätzchen mischt. Bräunlichrot sind dagegen anfangs die jungen Blätter der Schwarzpappeln; Silberpappel und Graupappel glänzen silbrig hell.

Während die Weichholzaue schon im April dicht belaubt ist, haben die Sträucher im Hartholzauenwald noch mehr Licht am Boden. Waldgeißblatt und Weißdorn erscheinen in sattem Dunkelgrün, während die Schlehe zuerst weiß erblüht, bevor ihr Laub austreibt. Bei Feld- und Flatterulme sowie den Ahornarten zeigen sich ebenfalls zunächst die Blüten. Später falten Hainbuchen und Eichen ihre ersten Blättchen aus, und die wärmeliebende Esche bildet in der Reihe der Auenbäume den Abschluß – sie ergrünt häufig erst in den letzten Maitagen.

Wenn das Laubdach fast geschlossen ist, steht der Bärlauch in voller Blüte und verbreitet seinen knoblauchartigen Duft in der Hartholzaue. Er wächst in dichten, flächigen Beständen, die fast kniehoch werden. Trockenere Stellen werden von Salomonssiegel und Maiglöckchen bevorzugt.

Sommerhochwasser

Durch die Schneeschmelze in den Alpen beginnen im Laufe des Monats Mai die Wasserstände zu steigen, bis das Sommerhochwasser im Juni seinen Höhepunkt erreicht. Die flußnahen Silberweidenwälder waren schon im Mai wieder überschwemmt und stehen bis in den Herbst hinein unter Wasser. Die langen Überflutungszeiten überleben die Weiden mit Hilfe zusätzlicher oberirdischer Wurzeln, den Adventivwurzeln. Sie bilden sich direkt am Stamm und vergrößern die aktive Wurzeloberfläche, so daß genügend gelöster Sauerstoff aus dem Wasser aufgenommen und an das Pflanzengewebe weitergeleitet werden kann. Denn ohne Sauerstoffzufuhr würde auch die Silberweide „ersticken": Die teilungsaktiven Wachstumszonen der Bäume, das sogenannte Kambium, und der Leitbast, der organische Stoffe in der Rinde transportiert, nehmen zuerst Schaden.

Mit dem Sommerhochwasser entwickeln sich die Auenpflanzen im milden Klima des Oberrheingrabens sehr üppig. Schon Ende Mai sind die Schwarz-

Die Frucht der Wassernuß hat lange, dornartige Fortsätze, mit denen sie sich im Bodengrund verankern kann.

pappelsamen flugfertig – sie legen sich mit ihrem feinen Haarschopf wie ein märchenhafter Silberschleier über alle anderen Pflanzen im Auenwald. Derweil säumen die gelben Blütenbänder der Wasserkresse die Ufer der Altrheine. Erste reife Früchte im Spätsommer, wie die leuchtend orangeroten Beeren des Aronstabes, haben es immer noch schwer, im allesbeherrschenden Grün des Auensommers aufzufallen.

Das Wachstum der Wasserpflanzen setzt etwas später ein als das der Landpflanzen, denn das Wasser erwärmt sich viel langsamer als Luft und Boden. Im Mai breitet die Wasserfeder ihre ersten zarten Wedel aus. Sie schickt nur die rosigen Blütenstände über die Wasseroberfläche. Gleichzeitig beginnt der Tannenwedel mit seinem Wachstum, etwas später blühen Glänzendes Laichkraut und Gelbe Teichrose. In stillen windgeschützten alten Mäanderschlingen zwischen Karlsruhe und Mannheim entwickelt im Hochsommer der seltene Schwimmfarn seine grünen Teppiche. Und die wärmeliebende Wassernuß bedeckt erst im Juni und Juli die flachen schlammigen Altarme. Das Vorkommen dieser Art ist heute in der Bundesrepublik auf einzelne Altrheine zwischen Rastatt und Mannheim beschränkt.

Die Wassernuß ist ein echter Auen-Profi. Diese einjährige Pflanze entwickelt sich aus einer braun-schwarzen Frucht, die sich mit ihrer harten, kantigen Schale wie ein Anker im Untergrund verhakt. Von dort treibt sie einen langen Sproß an die Wasseroberfläche, wo er eine Blattrosette bildet. Die Blätter schwimmen ausgezeichnet, weil ihre Blattstiele verdickt und mit Luft gefüllt sind – auch bei ansteigender Hochwasserwelle treiben sie immer an der Oberfläche. Damit die Wassernuß den Kontakt zum Boden

und ihren Halt nicht verliert, ist der Sproß wie ein Korkenzieher spiralig aufgewunden: Er kann Wasserstandsschwankungen bis zu zweieinhalb Metern gut ausgleichen. Selbst wenn ihr Gewässer trockenfällt, lebt die Wassernuß amphibisch weiter.
Mit Hilfe von Seitentrieben, die wieder neue Rosetten bilden, vermehrt sich die Schwimmblattpflanze – weniger auffällig sind die unscheinbar weißen Blüten, die von Wasserinsekten bestäubt werden. Nach dieser Befruchtung bilden sich an den Unterseiten der Blattrosetten Wassernüsse, die zu Boden sinken, wenn sie reif sind.
Das weiße, stärkehaltige Mark der Frucht schmeckt zwar recht fad und wässrig, es diente aber offensichtlich schon den Steinzeitmenschen als Nah-Farbspiele – die grünen Blattrosetten der Wassernuß zeigen ab September eine rote Herbstfärbung. Diese Schwimmblattpflanze kommt in Deutschland nur noch in einigen Altrheinarmen vor.

Erst im Spätsommer fallen die Silberweidenwälder wieder trocken. Die Wurzelbärte an den Stammfüßen sind jetzt überflüssig geworden: Sie dienten während der Überflutungszeit dazu, zusätzlich gelösten Sauerstoff aus dem Wasser aufzunehmen.

rungsquelle: In Abfallstellen der Bodensee-Pfahlbauten fand man Überreste von Wassernüssen in großen Mengen. Und noch im letzten Jahrhundert gab es den „Teufelskopf" auf dem Rastatter Wochenmarkt zu kaufen – so wurde die Wassernuß im Karlsruher Raum wegen ihrer dornenartigen Schalenfortsätze genannt.

Sinkende Wasserstände im Herbst

Mit dem Spätsommer setzt der Rückgang der Wasserstände ein. Noch bis in den August hinein gab es immer wieder kleinere Hochwasser, nach längeren Regenperioden oder heftigen Gewitterniederschlägen. Spätsommer und Herbst bringen dagegen meist für viele Wochen ausgesprochenes Hochdruckwetter: Leichte Morgennebel und viel Sonnenschein. Von September bis November sinkt deshalb der Wasserstand in der Aue gleichmäßig weiter ab.

Im September trocknen auch die Silberweidenwälder wieder ab. Zottige Wurzelbärte an den lehmverkrusteten Stämmen zeigen an, wie hoch den ganzen Sommer über das Wasser stand. Langsam fallen auch die Uferbänke trocken und der Herbst hält Einzug in den Auenwäldern. Mit der Trockenheit setzt in der ganzen Aue die Laubfärbung ein: Im Oktober leuchten die Pappelwälder gelb, in der Hartholzaue überwiegen Braunrot und Gelbbraun von Eichen und Eschen, während die Silberweidenwälder fast unmerklich grau und farblos geworden sind.

Wenn im September und Oktober die Pegelstände weiter fallen, entstehen kurzzeitig große, kahle Schlickflächen. Viele der Wasserpflanzen müssen jetzt auch ohne stehendes oder fließendes Wasser auskommen. Seekanne und Wasserknöterich wachsen einfach auf dem feuchten Schlick weiter, wie auch der Tannenwedel. Er entwickelt dabei allerdings ein völlig anderes Aussehen: Untergetaucht bildet er katzenschwanzartige Büschel aus, auf dem feuchten Schlick wächst er in Form kleiner Tannenbäumchen.

Die kahlen Schlickufer bieten für einige Spezialisten die Chance, konkurrenzlos große Flächen zu besiedeln – nur schnell muß es gehen. Ein kleines unscheinbar weiß blühendes Braunwurzgewächs, der Schlammling, durchläuft seinen gesamten Entwicklungszyklus in nur vier Wochen: Er keimt, wächst, blüht und produziert neue Samen, bevor winterliche Witterungseinbrüche oder weiter sinkende Wasserstände die Lebensgrundlagen zerstören. Auch die Nadelsimse, ein kleines, wenige Zentimeter hohes Riedgras, kann in dieser Zeit dichte Rasen an der Uferzone bilden.

Winterhochwasser und Eisgang

Im November zerren die Herbststürme am letzten Laub der Eichen und Hainbuchen, und gegen Jahresende wird es auch im Oberrheingebiet kalt. Es fällt Schnee, der manchmal liegenbleibt. Regnet es plötzlich nach starkem Frost, dann überziehen die Bäume sich mit einem Eispanzer, der millimeterdicke Zweige auf einen Zentimeter anwachsen läßt. Bei Sonnenschein glitzert der Wald dann wie ein märchenhafter Glaspalast.
Unregelmäßig, aber nicht selten, kommt es zu Winterhochwassern. Dabei kann die Flutwelle buchstäblich in der Aue festfrieren, wenn es nach ergiebigen Regenfällen rasch sehr kalt wird. Der Auenwald liegt dann von einem Tag zum anderen unter einer dicken Eisschicht. Wenn die Wasserstände wieder sinken, bilden sich Hohlräume unter dem Eis, die einbrechen. Folgt ein weiteres Hochwasser, dann reißt der Strom die Eisschollen mit. Auch heute findet man in den Auwäldern bei jüngeren Bäumen am Stammfuß noch Faulstellen, die auf Verletzungen durch solchen „Eisgang" zurückzuführen sind.

Winterliche Stimmung am Auer Altrhein: Der erste Frost hinterläßt seine Spuren auf den Auenbäumen.

BEWEGTES AUENLEBEN

Weit über hundert Vogelarten brüten in den Rheinauen. Dabei erreicht die Hartholzaue die höchste Dichte an Nestern: 16 Brutpaare pro Hektar sind hier keine Seltenheit.

Die jungen Fitislaubsänger vertrauen im Bodennest auf ihre gute Tarnung.

Tropische Vielfalt auch bei den Tieren

Der Artenreichtum der Oberrheinauen setzt sich auch in der Tierwelt fort: 50 Säugetier-, acht Reptilien-, 17 Amphibien- und 30 Fischarten leben hier. Hinzu kommen 200 bis 250 Vogelarten, die in den Auen brüten oder sie auf ihrem Zugweg durchstreifen. Fast unzählbar sind die Insektenarten – neben den berühmt-berüchtigten Rheinschnaken noch weitere 150 Fliegen- oder Mücken-Arten (Zweiflügler, Dipteren), die in millionenstarken Schwärmen die Auen bevölkern. Auch sehr farbenprächtige Großinsekten kommen am Oberrhein vor: Allein 400 bis 500 verschiedene Großschmetterlinge und über 40 Libellenarten wurden gezählt. Das sind mehr als ein Drittel aller in Deutschland nachgewiesenen Großschmetterlings-Arten und über die Hälfte der bundesrepublikanischen Libellen-Spezies. Außerdem leben mindestens 1000 Käferarten in der Aue – darunter befinden sich wiederum einige sehr imposante Vertreter wie Hirschkäfer und Heldbock. Auch Weichtiere wie Schnecken und Muscheln finden geeignete Lebensräume im Wasser oder auf dem Festland, über 100 Arten sind bekannt.

Diese Vielfalt hat schon die Menschen des 17. Jahrhunderts fasziniert, zum Beispiel den Jäger und Fischer Leonhard Baldner. Er veröffentlichte 1666 den ersten Bildband über die Tierwelt der oberrheinischen Aue und beschreibt seine Verwunderung über „*allerhand*

Gattung Fisch, Krebs, Wasservögel, vierfüesige Thier, Insecten, Gewürm, Käfer und desgleichen, alles so in und bey den Wassern lebt und gefunden mag werden..."

Die Oberrheinauen bieten mit ihrem reichhaltigen Angebot an Lebensräumen und Futter sowie dem milden Klima in geschützter Tallage auch für die Tierwelt so günstige Bedingungen, daß die Vermehrungsraten oft ungewöhnlich hoch sind. Allerdings wechseln sich erfolgreiche Perioden mit Katastrophen ab, so daß die Bestandsdichten vieler Tierarten sehr stark schwanken. Des einen Leid ist in der Tierwelt jedoch oft des anderen Freud: Fleisch- und Fischfresser finden nach Hochwassern Nahrung im Überfluß und machen in extremen Trockenzeiten außergewöhnlich gute Beute.

Obwohl die heutigen Arten- und Individuenzahlen des Oberrheingebietes im Vergleich zum letzten Jahrhundert in vielen Tiergruppen stark zurückgegangen sind, ist die verbliebene Vielfalt für mitteleuropäische Verhältnisse noch enorm: Auch aus zoologischer Sicht ein „Urwald" der gemäßigten Zone! Die oben genannten Zahlen gelten aber immer für die Gesamtheit eines Lebensraums. In einzelnen Naturschutzgebieten oder Flußabschnitten sind nicht unbedingt alle Tierarten (ebenso Pflanzenarten) vertreten – jedes Gebiet stellt nur einen Teil der Vielfalt dar.

Der Pirol erinnert mit seinem leuchtend gelben Gefieder an die Farbenpracht tropischer Vögel. Er baut sein Nest als kunstvolles Geflecht in den äußeren Bereichen der Baumkronen.

Vogelgemeinschaften am Oberrhein

Der Lebensraum Aue läßt sich auch aus zoologischer Sicht in Zonen einteilen, die bestimmte Strukturen aufweisen – wichtige Merkmale eines Lebensraumes, die über den Erfolg von Nahrungssuche, Fortpflanzung und das Überleben insgesamt entscheiden. Die Fauna folgt der vom Flußregime vorgegebenen Einteilung in ähnlicher Weise wie die Flora, und einzelnen Biotopelementen lassen sich bestimmte Charakterarten zuordnen. Klassischerweise werden hier Vögel genannt, es eignen sich aber auch viele andere Tiergruppen.

Die Tierwelt der Oberrheinaue läßt sich heute kaum noch beschreiben, ohne gleichzeitig auf die Verarmung der Fauna hinzuweisen. Denn wo der Le-

Vögel auf Wanderschaft: Bei Niedrigwasser dienen die Schlickflächen der Altrheine Watvögeln aus dem Wattenmeer-Gebiet als Rastplatz: Alpenstrandläufer (oben) und Rotschenkel (unten) sind regelmäßig am Oberrhein anzutreffen.

Der blauschillernde Eisvogel ist ein typischer Auenbewohner. Er gräbt seine Brutröhre in steile Uferabbrüche.

bensraum zu Inseln schrumpft, sind Tierarten oftmals schon ausgestorben. Deshalb können einzelne Arten heute als Indikatoren dienen, um den Zustand eines Biotops zu beurteilen.

In der offenen Stromaue

Die vom Fluß offen gehaltenen Kiesinseln und Sandbänke waren die typischen Brutplätze vieler Seeschwalbenarten. Auch Flußregenpfeifer und Flußuferläufer sind Charaktervögel der offenen Stromaue. Sie alle sind auf vegetationslose und spärlich bewachsene Schotterinseln angewiesen. Sobald sich eine dichte Pflanzendecke entwickelt, sind sie nicht mehr aufzufinden. Heute gibt es nur noch einzelne Brutplätze von Flußuferläufer und Flußseeschwalbe am Oberrhein, während ursprünglich heimische Brutvogelarten wie Zwerg- und Trauerseeschwalbe ganz verschwanden. Ebenso erging es dem Rotschenkel, der auf Schlickflächen Nahrung sucht und auf Grasbüscheln nistet – er ist heute nur noch auf dem Durchzug als Gast zu bewundern.

Wo ehemals der Fluß und heute das Hochwasser der Altrheine am Ufer Material abträgt, entstehen steile Abbrüche – dort gräbt der metallisch blaue Eisvogel seine bis zu einem Meter langen Brutröhren, die in einem Kessel für Eiablage und Jungenaufzucht enden. In der heutigen Aue findet er kaum noch erodierte, unbewachsene Flächen, hat aber in den künstlich geschaffenen Steilwänden der Kiesgruben teilweise Ersatz gefunden.

Seit die meterhohen natürlichen Steilabbrüche vom Oberrhein verschwanden, legt auch die Uferschwalbe aus-

Noch etwas unsicher klammert sich der junge Teichrohrsänger an einen Schilfhalm.

schließlich in solchen Wänden ihre Niströhren an. Weil Flußinseln ebenfalls rar geworden sind, muß auch der Flußuferläufer immer häufiger mit den künstlichen Schotterflächen des Kiesabbaus vorlieb nehmen.

Im Röhricht, an Altrheinen und Ufersäumen

Für viele Vogelarten sind Stillwasser mit Röhrichtbeständen als Lebensraum besonders wichtig: Sie bieten sowohl gute Deckung als auch pflanzliche und tierische Nahrung. Nur das Stimmengewirr der balzenden Alttiere oder bettelnden Jungen weist im Frühjahr und Sommer auf die vielen unsichtbaren, im dichten Halm-Dickicht verborgenen Bewohner hin.

Ehemals war Röhricht am Oberrhein ein weit verbreitetes Auen-Element, es umgab in breiten Streifen die fernab vom Fluß gelegenen Altarme und wenig durchströmten Seitenarme. Mittlerweile sind viele Geländemulden und Altarme verfüllt oder ihr Kies wurde abgebaggert – von den großflächigen Röhrichten blieben oft nur schmale Säume entlang der Ufer oder Gräben zurück. Diese werden zwar regelmäßig von Rohrammer und Teichrohrsänger besiedelt, den Ansprüchen von Rohr- und Zwergdommel, Purpurreiher oder Blaukehlchen genügen sie jedoch oft nicht mehr. Arten wie Krick- und Knäckente oder die Bekassine sind in der heutigen Aue als Brutvögel stark zurückgegangen. Auch Schilf- und Drosselrohrsänger, Rohrweihe, Kleines Sumpfhuhn und Tüpfelsumpfhuhn waren im letzten Jahrhundert noch wesentlich häufiger.

Ganz verschwunden sind die Adler

Graureiher sind heute am Oberrhein wieder recht häufig und manchmal sogar in großen Gruppen beim Fischfang zu beobachten. Seit Mitte der 70er Jahre ein Jagdverbot verhängt wurde, hat sich der Bestand erholt.

vom Oberrhein: Weder der ehemals sehr häufige Fischadler, noch Schlangen- oder Schreiadler brüten heute in den winzigen Restbiotopen, die sich wie ein Flickenteppich am Rhein entlang ziehen. Behaupten konnten sich in der Stromaue dagegen Stockenten, Haubentaucher, Bläß-, Teich- und Wasserrallen sowie Sumpf- und Teichrohrsänger. Auch die Bestände des Graureihers konnten sich nach der Einführung des Jagdverbots am Oberrhein wieder erholen.

Im Auenwald

In den Auenwäldern zählen Pirol, Nachtigall, Schwarzmilan, Turteltaube und Kuckuck zu den typischen Bewohnern. Viele Meisen- und Spechtarten leben hier – für den Mittelspecht stellen die oberrheinischen Hartholzauenwälder sogar einen mitteleuropäischen Verbreitungsschwerpunkt dar. Auch Zaunkönige lieben das feuchte Unterholz der natürlichen Rheinauenwälder. Die strukturreiche Hartholzaue erreicht dabei Brutvogeldichten von durchschnittlich 16 Paaren pro Hektar! Dennoch sind die Vögel nur schwer in der dichten Vegetation zu entdecken –

Die Zwergdommel, die kleinste Reiherart, lebt in sumpfigen Röhrichten. Sie ist vom Aussterben bedroht.
Der schlanke Vogel nimmt bei Gefahr die „Pfahlstellung" ein – und ist im Schilfwald damit nahezu unsichtbar.

Bläßrallen sind mit die häufigsten Brutvögel an den Altrheinen. Sie bleiben auch im Winter am Oberrhein.

zu überhören sind sie allerdings kaum. Sobald die Zugvögel im Frühjahr in ihre Brutreviere zurückkehren, machen sie rund um die Uhr mit ihrem klangvollen Konzert auf sich aufmerksam. Tagsüber geben Mönchs- und Gartengrasmücken, Fitis und Zilpzalp den Ton an, während Singdrossel und Nachtigall erst in der Dämmerung ihren melodischen Gesang anstimmen, letztere hält ihn oft bis in die Morgenstunden durch. Selbst der leuchtend gelbe Pirol verrät sich eher durch sein wohltönendes Flöten als durch sein buntes Äußeres.

Auf Feuchtwiesen

Einen großen Teil der Auenlandschaft nahmen im vergangenen Jahrhundert die Feuchtwiesen ein. Sie wurden meist als Streuwiesen bewirtschaftet und boten Braunkehlchen, Wachtelkönig, Bekassine, Brachvogel und Storch Lebensraum. Diese Arten jagen oder brüten bevorzugt auf weiten, offenen Wiesen. Hier und da schmettert auch heute noch ein Braunkehlchen von der Spitze eines langen Halmes sein metallisches Lied, und das zweisilbig knarren-

de Rufen des Wachtelkönigs (Crex crex!) ist vereinzelt zu hören – dann allerdings die ganze Nacht hindurch. Alle diese wiesentypischen Vogelarten meiden Ackerflächen und sind in der Oberrheinniederung in Folge der intensiven Landwirtschaft in den letzten 30 Jahren sehr stark zurückgegangen – der Storch als bekannteste bedrohte heimische Vogelart hat den Kampf um sein angestammtes Jagdrevier schon fast verloren.

Lurche und Kriechtiere

Amphibien in ihrem Element

Wenn es einen Lebensraum gibt, der durch und durch amphibisch ist, dann ist es die Auenlandschaft eines Flußsystems! Das große Angebot von Laichgewässern und Feuchtgebieten macht vor allem die Randbereiche der Auen zu einem hervorragenden Lebensraum für Frösche, Kröten und Molche. 17 der insgesamt 19 in Deutschland

Der Drosselrohrsänger ist am Oberrhein sehr selten geworden. Er liebt ausgedehnte Schilfröhrichte.

Auf Stauden, Bäumen und Büschen jagt der Laubfrosch. Er nimmt auch gerne ein Sonnenbad.

Die weitaus häufigste Schlange im Auengebiet ist die Ringelnatter. Die gelben, halbmondförmigen Flecken und runde Pupillen kennzeichnen das ungiftige Tier.

vorkommenden Lurch-Arten haben sich auch in der Oberrheinaue angesiedelt. Selbst außerhalb des heute noch überfluteten Bereiches leben in nassen Jahren zahlreiche Amphibien – ihr wichtigstes Jagdrevier sind die feuchten, krautreichen Hartholzauenwälder. Typische Auen-Amphibien sind Knoblauchkröte, Seefrosch und Kammmolch sowie die gefährdeten Moor- und Springfrösche. Im Mai geben Wechselkröten abendliche Konzerte, und der Laubfrosch verrät sich durch seinen Gesang. Er ist im heute noch regelmäßig überfluteten Auenabschnitt zwischen Iffezheim und Karlsruhe besonders häufig.

Schwimmende Schlangen und Zuchtschildkröten

Unter den acht Reptilienarten in der Oberrheinaue ist die Ringelnatter am besten an den Auenlebensraum angepaßt: Die bis zu anderthalb Meter lange Schlange schwimmt ausgezeichnet und kann ihrer Beute – Fröschen und Fischen – auch hinterhertauchen. Die Europäische Sumpfschildkröte fühlt sich in den Auengewässern ebenfalls wohl – bei ihr ist es zwar wahrscheinlich, doch umstritten, ob sie ursprünglich am Rhein vorkam. Bei den heutigen Auen-Schildkröten handelt es sich mit Sicherheit um ausgesetzte Tiere, denn als Fastenspeise wurde die Sumpfschildkröte schon im Mittelalter vielerorts gezüchtet. Seit fast 100 Jahren war sie auch im Zoohandel zu erstehen – jetzt ist sie streng geschützt.

Grünfrösche sind ganzjährig am Wasser anzutreffen.

Zur Fortpflanzungszeit bevorzugt die Gelbbauchunke Pfützen oder Tümpel.

Weichtiere in der Aue

Nahezu alle waldlebenden Schneckenarten unserer Klimazone sind in der Hartholzaue vertreten, ihnen behagt die feucht-warme Umgebung. Besonders typisch ist die Gefleckte Schnirkel-Schnecke – diese Landschnecke ist überaus überflutungstolerant, im Winter wurde sie sogar schon an der Unterseite der Eisdecke kriechend beobachtet. Diese Charakterart des Auenwaldes ist streckenweise so häufig, daß man kaum einen Schritt tun kann, ohne eine von ihnen zu zertreten. Knapp 30 lebende Tiere wurden auf einem Quadratmeter Bodenfläche schon gefunden.

Schnecken kommen ausgesprochen zahlreich in der Aue vor, und sie haben deshalb in der Nahrungskette große Bedeutung. Die Weichholzaue mit ihren langen Überflutungszeiten bleibt jedoch Spezialisten wie der feuchtigkeitsliebenden Glänzenden Dolchschnecke vorbehalten – sie tritt dort allerdings sehr häufig auf. Bei Niedrigwasserstand sind viele Pflanzen im Uferbereich der Gewässer über und über mit Schlanken Bernsteinschnecken bedeckt.

Die Muscheln – sie stellen nur 15 der insgesamt weit über 100 Weichtier-Arten in der Aue – erreichen ebenfalls große Individuendichten. Winzige Erbsen-Muscheln sind an das periodische Austrocknen der Uferbereiche angepaßt, die Malermuschel ist in den Altwassern und Staustufen des Oberrheins noch häufig, und die Dicke Flußmuschel hat sich auch in einigen Baggerseen ausgebreitet. Bei Niedrigwasserstand im Winter kann man manchmal die Kriechspuren der Flußmuscheln durch die Eisschicht hindurch beobachten.

Formenfülle der Insekten

Mit den ersten Blütenpflanzen treten im Frühjahr die sechsfüßigen Organismen auf den Plan, die Insekten. Schon im März geraten die ersten Fliegen und Mücken in die Blütenfalle des Aronstabes – sie waren dem aufdringlichen Aasgeruch gefolgt. Eine Haarreuse hält sie für einige Stunden oder auch über Nacht fest – so lange jedenfalls, bis die Blütenblätter gewelkt sind. Damit die kälteempfindlichen Insekten keinen Schaden nehmen, wird die „Gefängniszelle" geheizt: Die Pflanzen verbrennen Stärke, die eigens aus der knolligen Wurzel in die Blüte transportiert wird. So ist die Befruchtung der Blüten gesichert, und die Häftlinge steuern, kaum daß sie frei sind, die nächste Blütenfalle an.

Weit ungefährlicher geht es dagegen bei den Schlehen zu, die für erste aktive Bienen eine willkommene Nahrungsquelle sind. An den sandigen Uferwällen (heute auch oft entlang der geschütteten Hochwasserdämme) haben viele seltene Wildbienenarten ihre Erdbauten.

Unübertroffen ist die Artenvielfalt der Schmetterlinge in der Aue. Tagsüber zeigen sich farbenprächtige Falter wie Kleiner und Großer Eisvogel, Schillerfalter oder Großer Fuchs. Doch diese (selten gewordenen) bekannten Arten sind nur ein winziger Teil der Auenfalter – die überwiegende Zahl ist nacht- und dämmerungsaktiv. In nur einer Nacht lassen sich mit Lichtfallen über 1000 Großschmetterlinge aus 100 verschiedenen Arten anlocken. So wurde allein im Auenwald ein Artenspektrum von rund 400 Faltern ermittelt.

Viele dieser Schmetterlinge sind auf ganz bestimmte Nahrungspflanzen des Auenlebensraums angewiesen. So ist zum Beispiel am Geißblatt die Raupe des Hummelschwärmers zu finden – er ist ein typischer Auenfalter der Oberrheinauen. Das Aussehen dieses tagaktiven Schmetterlings ist allerdings recht ungewöhnlich: Er ähnelt tatsächlich einer Hummel, fliegt aber viel rasanter. Bei solchem Tempo geht ihm schon beim ersten Flug ein Großteil seiner farbigen Flügelschuppen verloren, so daß nur ein dunkler Hinterrand am Flügel stehenbleibt und die restliche Fläche glasig und filigran durchbrochen wirkt.

Zu den schönsten und auffälligsten Insekten der Auenlandschaft zählen die Libellen. Diese räuberischen Insekten jagen nicht nur sehr geschickt über der Wasseroberfläche, sie verbringen auch als Larven eine ein- bis sechsjährige Entwicklungszeit im Wasser. Während dieser Larvenphase stellen sie spezielle Anforderungen an ihren Lebensraum, und mit der großen Auswahl an Gewässertypen hat sich in der Rheinauenlandschaft auch eine reichhaltige Libellenfauna mit insgesamt 40 Arten angesiedelt. Die blauschillernde Gebänderte Prachtlibelle lebt an durchströmten Altwassern und Rinnen, während die nicht weniger imposante Herbst-Mosaikjungfer und die Große Königslibelle an großen see- und weiherartigen Altrheinen fliegen. Flach überschwemmte und verkrautete Mulden werden von Blutroter und Gemeiner Heidelibelle zur Eiablage bevorzugt, an warmen Kleingewässern finden sich dagegen die südlichen Arten Blaupfeil und Feuerlibelle zur Fortpflanzung ein – dann läßt sich auch das eigentümliche Paarungsrad der Libellen beobachten.

Im Auenwald, auf den Sand- und Kiesinseln, im Schlick oder an Gewässern

kommen knapp 1000 Vertreter der erfolgreichsten Insektenordnung vor – der Käfer. Viele sind winzig klein und unscheinbar, andere, zumeist sehr seltene Arten, sind kaum zu übersehen: In der Hartholzaue kann man mit etwas Glück Hirschkäfer an alten Eichen schwärmen sehen. Die bis zu acht Zentimeter langen schwarzbraunen Tiere sind an warmen Sommertagen auf der Suche nach frischem Eichensaft, der aus Verletzungen der Rinde fließt. Die Larven der Hirschkäfer leben fünf Jahre lang in alten Eichenwurzeln und fressen fingerdicke Gänge in das faulende Holz – allein im letzten Jahr vertilgten sie bis zu 250 Kubikzentimeter. Ebenfalls auf Eichenholz hat sich der noch seltenere Heldbock spezialisiert, der größte heimische Bockkäfer. Sein bis zu fünf Zentimeter langer schwarzbrauner Körper wird sogar noch von den nach hinten gerichteten Fühlern überragt. Etwas kleiner (drei Zentimeter) und häufiger ist ein weiterer Nahrungsspezialist der Auenwälder, der Pappelbock – er schimmert samtig gelblichgrau und frißt große Löcher in die Pappelblätter. Seine Larven leben im Pappelholz.

Alles andere als selten oder attraktiv sind dagegen die „Rheinschnaken", die unweigerlich zu einer intakten Auenlandschaft mit ihren Sümpfen und Morasten gehören. Aus den Eiern, die sie im Vorjahr auf dem Boden abgelegt hatten, entwickeln sich nach den ersten Sommerhochwassern in flachen Tümpeln und Pfützen Larven, die sich von Algenaufwuchs und faulendem Pflanzenmaterial ernähren. Je nach Witterung sind innerhalb von 10 bis 14 Tagen stechaktive Schnaken geschlüpft, die große Schwärme bilden. Die männlichen Tiere wenden sich ausschließlich Pflanzensäften zu, während die Weibchen über Mensch und Tier herfallen – sie benötigen das Blut zur Heranbildung ihrer Eipakete. Tagsüber sitzen die Schnaken in der bodennahen Vegetation

Der farbenprächtige Schillerfalter ist ein typischer Auenbewohner.

Der wohl bekannteste Vertreter der Auen-Insekten: Der Hirschkäfer. Seine Larven sind auf das morsche Holz von Eichen angewiesen.

Die Gebänderte Prachtlibelle besiedelt dicht bewachsene und leicht durchströmte Auengewässer.

und meiden direktes Sonnenlicht und Wind. Erst abends, besonders wenn es bei hoher Luftfeuchtigkeit dämpfig schwül ist, beginnen sie zu schwärmen.

Spezialisten in Sachen Auen-Dynamik

An die wechselnden Wasserstände haben Auentiere noch auffälligere Anpassungen entwickelt als die Pflanzen: Lebenszyklen werden mit den dynamischen Abläufen koordiniert, es existieren kuriose Verhaltensanpassungen, manche Vögel werden zu Nestbaukünstlern. Noch lange nicht alle Mechanismen sind untersucht oder überhaupt bekannt, so daß die folgende Aufzählung von oberrheinischen Auenspezialisten zwangsläufig unvollständig sein muß.

Blattfußkrebse im Dauerschlaf

Für einige Tiere beginnt das eigentliche Leben erst mit dem Hochwasser: Scheinbar aus dem Nichts entwickeln sich in Senken und Druckwassertümpeln, die sich für kurze Zeit mit Wasser füllen, die urtümlichen Blattfußkrebse der Gattungen Triops (Kiefernfüße) und Limnadia (Muschelschaler). Ihre Eier sind gegen das Austrocknen bestens geschützt und können jahrzentelang im Boden überdauern, bis eine Überflutung sie aus ihrem Ruhezustand weckt. Obwohl ihr Lebenszyklus sehr kurz ist – sobald die Pfützen wieder ausgetrocknet sind, verschwinden auch die Krebse – scheint diese Lebensform sich bestens bewährt zu haben: *Triops cancriformis* existiert unverändert seit 200 Millionen Jahren (dem mittleren Keuper), er ist ein „lebendes Fossil".

Die bis zu fünf Zentimeter großen Blattfußkrebse, die zur selben Tiergruppe (Phyllopoda) gehören wie die Wasserflöhe (Cladocera, etwa Daphnia), werden von Vögeln gerne gefressen. Insbesondere Möven finden während der Überschwemmungszeit sehr schnell die „krebshaltigen" Wasserlöcher.

Schlammboden – Lebensraum auf Zeit

Anders als die Blattfußkrebse warten viele Insektenarten darauf, daß die Schlammufer der Altrheine endlich trockenfallen – dann können sie ähnlich wie der Schlammling (im Pflanzenreich) in nur drei bis vier Wochen ihren ganzen Entwicklungszyklus durchlaufen. Einige Arten der Sägekäfer haben sich an diesen Lebensraum angepaßt: Mit ihren Grabbeinen buddeln sie im Schlamm nach modernden Pflanzenteilen. Ihr Körper ist behaart, was ihnen das Wasser vom Leib hält – sie bleiben von einer zarten Lufthülle umgeben. In der kurzen Zeit, in der die Schlammböden nicht vom Wasser bedeckt sind, erreichen die Sägekäfer enorme Individuendichten: Bis zu 2 000 verpuppen sich auf einem Quadratmeter Schlammfläche. Auch bei Mücken und Fliegen gibt es vielfältige Anpassungen, zum Beispiel die parthenogenetische Fortpflanzung: Wortwörtlich eine Jungfernzeugung, die ohne Begattung abläuft – auch das spart Zeit.

Kinderstube und Weidegrund der Fische

Mit dem Sommerhochwasser erschließt der Rhein neue Lebensräume, denn die tiefliegenden Auenbereiche sind jetzt vom Flußlauf her zugänglich. In überfluteten Wiesen und Waldabschnitten finden Fische die vom Wasser überraschten und verendeten Kleinorganismen sowie unzählige Insektenlarven, die ihnen als Nahrung dienen. Diese reichhaltigen Weidegründe werden von den Flußfischen gerne aufgesucht. Für viele Fischarten sind Auengewässer sogar unersetzlich, denn sie sind die „Kinderstube" ihrer Brut – in den flachen Schluten und Altarmen erwärmt sich das Wasser sehr schnell, und die Strömung ist gering. So laichen im Frühsommer Karpfen in seichten Schilfstreifen ab, Brachsen und Rotaugen tummeln sich in den Laichkraut- und Schwimmblattbeständen der Oberrheinauen.

Einige Fischarten wie das Moderlieschen kommen mit der Sauerstoffarmut der flachen sommerwarmen Auengewässer sehr gut zurecht. Der seltene Schlammpeitzger übersteht sogar kurzfristiges Trockenfallen, indem er Luft schluckt und den Sauerstoff über den Darm aufnimmt – er kommt noch in den Restgewässern der benachbarten Kinzig-Murg-Rinne vor. Äschen und Forellen bevorzugen dagegen die quellwasserreichen Gießen. Von der ursprünglichen Vielfalt mit 47 belegten Fischarten sind heute nur 30 Arten im Oberrheingebiet verblieben – den Wanderfischen wie Fluß- und Meerneunauge, Stör, Finte, Maifisch, Lachs und Meerforelle wurde der Weg vom Meer zu ihren Laichgebieten verbaut. Der Aal, der mit dem Hochwasser flußabwärts zum Ablaichen ins Meer zieht, ist dagegen noch recht häufig.

Nestbaustrategien

Nicht nur Fische profitieren von den saisonalen Lebensräumen, die durch das

Ein Stör.

Ein Scheid.

Ein Salmen.

Sommerhochwasser entstehen, auch für Vögel herrscht dort ein reichhaltiges Nahrungsangebot: In Tümpeln und Altarmen wimmelt es vom Frühsommer bis in den Herbst hinein von Jungfischen, Kaulquappen, jungen Fröschen, Kröten und Molchen. Viele Vogelarten brüten deshalb in den Auen, müssen ihre Gelege oder den Nachwuchs jedoch vor Hochwassern schützen. Die meisten Auenbrüter stellen sich schon vor Beginn der Fortpflanzungszeit und des Brutgeschäftes auf die erhöhten Sommer-Wasserstände ein, indem sie ihre Nester in sicherer Höhe anlegen.

Graureiher brüten in Kolonien in den Wipfeln hoher Pappeln, die Jahr für Jahr wieder aufgesucht werden und während der Brutzeit vom Kot ganz weiß gefärbt sind. Schon im Februar beginnen sie damit, alte Nester auszubessern und neue zu bauen. Im März werden drei bis fünf bläulich-grüne Eier gelegt und abwechselnd von beiden Eltern bebrütet. Auch der Eisvogel legt seine Brutröhren in einiger Höhe über dem Wasserspiegel in Steilwänden an. Bodenbrütende Vogelarten weichen in der Aue häufig auf Silber- oder Kopfweiden aus, Stockenten, Teichrallen und Reiherenten neh-

Stör, Wels und Lachs kommen heute im Oberrhein nicht mehr vor. Als Leonhard Baldner seine Zeichnungen anfertigte, waren sie dagegen noch sehr häufig. Der Jäger und Sammler brachte 1666 einen ersten Bildband der oberrheinischen Tierwelt heraus.

men auch mit alten Krähen- und Reihernestern vorlieb. So ist es in der Aue nicht ungewöhnlich, daß Stockentenküken in 20 Metern Höhe schlüpfen. Sie können als Nestflüchter zwar schwimmen, sind aber völlig flugunfähig. Doch die flauschigen Daunenküken überleben selbst einen Absprung aus solcher Höhe – auch wenn sie dabei oftmals unsanft von Ast zu Ast in die Tiefe stürzen. Es gibt auch sehr aufwendige Strategien, um Brutverluste durch Überschwemmungen zu verhindern. Bläßrallen, Reiher- und Tafelenten können bei auflaufendem Hochwasser in wenigen Stunden mit eilig herbeigeschafftem Nistmaterial ihr Nest aufstocken – bis zu einen halben Meter Höhe gewinnen sie dabei. Ein kunstvolles schwimmendes Nest bauen dagegen Haubentaucher und Zwergtaucher. Es steigt und fällt mit dem Wasserstand und bleibt intakt, solange die Stömung nicht zu reißend wird. Die Bauwerke sind allerdings weithin sichtbar – auch für Nesträuber. Deshalb decken die Eltern die ursprünglich schneeweißen Eier mit faulendem und gärendem Material gut ab, bis sich diese selbst langsam unauffällig braun färben.

All diese Anpassungen an den Wechsel der Wasserstände versagen allerdings, wenn es zu einer großen Hochwasserwelle kommt, die selbst die hohe Hartholzaue völlig unter Wasser setzt. Nach einer Woche Dauerregen kann der Rheinwasserstand innerhalb von 36 Stunden um fast vier Meter steigen – dann werden tausende von Vogelnestern zerstört. Im Auenwald ertrinken Boden- und Gebüschbrüter, aber auch der Nachwuchs der Eisvögel, Enten und Taucher überlebt die Flut nicht. Anschließend kommt es zwar überall zu Ersatzbruten und Nachgelegen, die können aber leicht von einer weiteren Wasserwelle im Hochsommer vernichtet werden. Eisvögel, die auch noch ein drittes Mal Eier legen, schaffen es oft erst in diesem letzten Anlauf, Jungvögel großzuziehen. In anderen Jahren bleiben die Sommerhochwasser dagegen völlig aus, und alle Vogelarten haben große Bruterfolge. So schwanken die Besiedlungsdichten in der Aue von Jahr zu Jahr ganz beträchtlich – nicht nur in der Vogelwelt.

Wenn die Flutwelle kommt – kleine und große Lösungen

Bei katastrophenartigen Wasserwellen ist dann die schnelle Flucht oft die einzige Überlebensstrategie. Kleinere Säugetiere wie Mäuse und Spitzmäuse retten sich auf schwimmendes Treibholz, während Schnecken, Spinnen und Bodenkäfer auch auf Bäume und Sträucher klettern. In dem Getreibsel, das die Flut als Geniste zusammenspült, finden sich die verschiedensten Notgemeinschaften.

Bei den schon erwähnten Sägekäfern verhindern die Haare ein Benetzen der Tiere, sie nehmen eine dünne Luftschicht mit unter Wasser. Aus dieser Hülle atmen die nur Millimeter großen Käfer. Auch Laufkäfer bleiben teilweise unter Wasser und überdauern mit einer Luftreserve unter ihren Flügeldecken. Dabei tauchen viele aktiv ab, indem sie heftig mit ihren Hinterbeinen rudern, andere ziehen sich an Pflanzenteilen unter Wasser. Vertreter der Gattung Bembidion stemmen sich statt dessen von der Wasseroberfläche ab und fliegen davon. Immerhin 87 der 92 Laufkäferarten am südlichen Oberrhein können schwimmen – und obwohl viele bei Hochwasser die Flucht in die höher gelegenen Bereiche antreten, ist wenige Tage nach der Flutwelle das Artenspektrum schon wieder vollständig versammelt.

Eine ganz besondere Verhaltensanpassung zeigen Regenwürmer. Während Artgenossen außerhalb der Überflutungsgebiete bei ergiebigen Niederschlägen ihre Erdröhren verlassen, um nicht zu ertrinken, erwartet man die „Auenwürmer" vergebens an der Oberfläche. Sie bauen sich ein U-förmiges Rohr, das an einer Seite blind im Erdreich endet. Dieses geschlossene Ende ist zusätzlich mit Schleim ausgekleidet, damit die Luft nicht entweichen kann. Dringt das Wasser von der offenen Seite her ein, dann verdichtet es die Gasblase im geschlossenen Ast und der Wurm zieht sich mit seinem persönlichen Luftvorrat zurück, bis die Flut vorüber ist.

Höhere Geländerücken, die „Köpfe", bleiben auch bei Flutwellen hochwasserfrei. Auf diese Rettungsinseln flüchten sich größere Auenbewohner wie Rehe, Hasen oder Füchse. Die älteren Tiere wissen, wo bei ansteigender Hochwasserwelle solche trockenen Stellen zu finden sind. Ein Teil der Wildtiere verläßt allerdings den Auenwald, schwimmt durch Schluten und Altrheine und wechselt in hochwassersichere Gebiete. Selbst Tiere, die fast aquatisch leben wie die Bisamratte, tauchen bei Flutwellen aus ihren nur über den Wasserweg erreichbaren Erdbauten auf und klettern

Die jungen Waldohreulen sind noch nicht flugfähig, wenn sie ihr Nest verlassen.

auf Bäume. Droht anderweitig Gefahr, retten sie sich allerdings sofort wieder ins nasse Element und tauchen ab.

Tod in der Aue –
Festmahl für Fleischfresser

Trotz vielfältiger Anpassungen in Körperbau und Verhalten ertrinken viele Tiere bei Hochwasser. Auch haben Arten, die während der Niedrigwasserzeiten in die Aue einwandern, wie etwa der Igel, kaum eine Chance, die Flut zu überleben.
Doch auch diese Katastrophen haben ihr Gutes. Der Schwarzmilan und andere Beutegreifer ernähren sich von dem Aas, das bei solchen Überflutungen reichlich anfällt. In der komplexen Nahrungskette der Auen spielen die ertrunkenen Kleinorganismen ebenso wie Vögel oder Säugetiere eine große Rolle.
Auch in den Trockenzeiten, wenn die Tümpel schrumpfen und vielen Fischen der Rückweg in den Fluß versperrt ist, leben Greifvögel, Graureiher, Füchse, Marder oder Iltisse wie im Schlaraffenland – ihre Beute kann nicht entkommen. Auch Muscheln und Schnecken sind bei sinkendem Wasserstand recht schutzlos ihren Freßfeinden ausgeliefert.
Oft trocknen allerdings so viele Schluten und Weiher gleichzeitig aus, daß nicht alle verendeten Tiere gefressen werden – dann sind mit dem nächsten Lehmeintrag die Bedingungen gut, daß die Kadaver eingebettet werden und möglicherweise versteinern: Ehemalige Flußauen sind deshalb auch sehr ergiebige Fossil-Lagerstätten.

Von der Anpassung zur Gestaltung der Aue

Die beiden großen heimischen Säugetierarten Fischotter und Biber, die wohl am besten an das Auenleben angepaßt waren, wurden am Oberrhein schon im 19. Jahrhundert ausgerottet. Der Biber – mit einem Meter Länge und 30 Kilogramm Gewicht das größte europäische Nagetier – wurde vor allem wegen seines herrlich weichen Pelzes und des „Bibergeils" bejagt. Das Bibergeil ist eine stark nach Moschus riechende Substanz aus einer großen Drüse, die in Verbindung mit den Geschlechtsorganen steht. Im Mittelalter wurde dem Bibergeil eine besondere Heilkraft beigemessen, später fand es dann Verwendung in der Parfümherstellung. Der letzte Biber wurde 1840 bei Ottersheim (!) erschlagen.
Dem Fischotter wurde wie allen einheimischen Raubtieren heftig nachgestellt, obwohl sich der bis zu 90 Zentimeter lange gewandte Schwimmer vor allem von kleinen Fischen, Fröschen, Krebsen, Schnecken und Muscheln ernährt. Doch auch sein Pelz war begehrt.
Heute haben Bisams, die aus Nordamerika eingebürgert wurden, und Nutrias (Sumpfbiber), die aus Pelztierfarmen ausgebrochen sind, den Lebensraum erobert. Beide pflanzenfressenden Nagetier-Arten sind ebenfalls sehr gut an das Wasserleben angepaßt, erfüllen jedoch nicht dieselbe ökologische Funktion wie etwa der Biber.
Denn dieser kann die Aue auch aktiv mitgestalten, indem er die natürliche Dynamik eines Wildflusses unterstützt und so neue Lebensräume für weitere Tier- und Pflanzenarten schafft.

Flußbaumeister Biber

Biber fressen unter anderem Rinde von Bäumen und Ästen und können zu diesem Zweck im Laufe ihres 30jährigen Lebens enorme Mengen von Auenbäumen fällen. Vor allem skandinavische und kanadische Biberfamilien sind sehr eifrig im Anlegen von Wintervorräten aus zurechtgestutzem Knüppelholz und im Bauen von riesigen Biberburgen. Wenn in ihrer Umgebung die Nahrungsbäume knapp werden oder nur noch über Land zu erreichen sind, wo Biber sich längst nicht so sicher bewegen wie unter Wasser, legen sie Staudämme an. So können sie ungehindert bis zum neuen Freßplatz schwimmen. Solange Wölfe und Bären die Hauptfeinde darstellten, war dies eine sehr wirksame Schutzmaßnahme.
Wenn die Wasserstände so stark absinken, daß die Einfahrten in die Bauten nicht mehr unter dem Wasser liegen, beginnen die Biber gemeinschaftlich, Bauholz heranzuflößen und Dämme zu bauen, um den Wasserspiegel wieder anzuheben. Dazu stauen sie die Gerinne an mehreren Stellen auf, so daß auch der Auenwald überflutet wird: Einzelne Bäume oder Waldteile beginnen zu kümmern und sterben im Dauerstau ab. Es entstehen wasserpflanzenreiche, flache Seen und mitten im Auenwald helle Lichtungen. Nicht nur lichtliebende Pflanzen können den Spuren der Biber auf solche künstlichen Lichtungen im dichten Auenwald folgen, auch vielen Wasserpflanzen und Insekten sagt der Gewässertyp des Biberstausees zu. Und die ertränkten kahlen Auenbäume werden von Fischadler und Storch, die ehemals in der Rheinaue weitverbreitet waren, als Horstbäume benutzt: Der Fisch-

adler liebt rundum einen freien Ausblick, und der Storch kann aufgrund seiner Größe und seines Körperbaus nicht in dichten Baumkronen brüten.

Bei Hochwasser werden Biberdämme vielfach wieder weggeschwemmt, die künstlich angelegten Seen laufen leer und auf dem feuchten Seegrund können sich Gräser und Kräuter ansiedeln. Es entstehen Wiesen, die langsam wieder von Weiden und Pappeln besiedelt werden, bis der Wald sich sein Areal zurückerobert hat – eine vom Biber angekurbelte Pflanzensukzession. Zwar zeigen skandinavische Biber eine besonders rege Bautätigkeit, doch auch die ehemals am Oberrhein lebenden Biber bauen kleine Staudämme.

Schon während der 70er Jahre haben Biologen der Universität Karlsruhe erste Ansiedlungsversuche von Bibern in der mittelbadischen Rheinaue unternommen. Auch in den elsässischen Rheinauen gibt es seit einigen Jahrzehnten eine kleine Population, und im Gebiet der Lauter ist ebenfalls eine Biberansiedlung geplant. Für diese Projekte wurden allerdings Rhône-Biber ausgewählt – sie fällen im Gegensatz zu ihren nordischen Verwandten nur wenige Bäume als Wintervorrat und ernähren sich hauptsächlich von Kräutern, Gräsern und den Wurzeln der Röhrichtpflanzen.

Der am Oberrhein um 1900 als Brutvogel ausgestorbene Fischadler ist in den Rheinauen auf dem Durchzug zu beobachten. Vor allem im April und September fischen die Adler an den großen Altrheinen.

DAS ÖKOLOGISCHE POTENTIAL DER AUEN

Der Austausch von Organismen

Die Transportkraft eines Stromsystems bewegt nicht nur totes Gestein wie Geröll, Kies und Sand in großen Mengen, im Fluß wird auch organisches Material mitgeführt, und Lebewesen werden verdriftet. Der rege Organismenaustausch, der auch aktiv entlang der Fließgewässer stattfindet, wird aber erst durch die flußbegleitenden, fruchtbaren Auenlandschaften möglich: Sie machen das Stromtal zu einem attraktiven Wanderweg für Pflanzen und Tiere jeglicher Art.

Treibholz und Schwemmlinge

Nach jedem Hochwasser transportiert ein Fluß Blätter, abgerissene Äste und ganze Baumstämme in seinem Wasserstrom. Dort, wo noch lebendes Holz, Früchte oder Samen angeschwemmt werden, können sie unter günstigen Bedingungen austreiben und so eine Neubesiedlung starten. Baumstämme gelangen dabei an der Oberfläche treibend sogar bis ins Meer. Die unterspülten und abgetragenen Wälder der wilden Flußauen sorgten im Laufe der Jahrtausende für einen enormen Holzeintrag in die Ozeane.
Die seefahrenden Wikinger gründeten ganze Kolonien auf der Existenz von solchem Treibholz: Im nahezu waldfreien Grönland diente das angespülte Material zum Bau von Häusern, Booten und als Brennstoff. Treibgut kann aber auch Tieren als Bau- und Nistmaterial, als Beförderungsmittel zu neuen Lebensräumen oder als rettendes Floß bei Überschwemmungen dienen.
Flüsse und ihre Auen sind regelrechte Wanderwege für Pflanzen. In den

Auen sind ideale Wanderwege für Pflanzen und Tiere. Die Samen des Indischen Springkrautes werden mit dem Hochwasser verbreitet. Seit Ende der 70er Jahre tritt es auch massenhaft in den Rheinauen auf.

Rheinauen finden sich zahlreiche Alpenschwemmlinge – Pflanzen, deren natürliches Vorkommen im Alpenraum liegt und die vom Wasserstrom als Samen und Treibgut ins Oberrheingebiet verdriftet wurden. So hat zum Beispiel die Grauerle ihre Heimat in den alpinen Flußauen, sie dringt aber flußabwärts bis in den Raum Karlsruhe vor. Typische, vom Fluß verbreitete Stromtalpflanzen sind Spätblühender Bitterling, Schwarzfrüchtiger Zweizahn und Sumpf-Herzblatt.

Neuankömmlinge verdeutlichen immer wieder die Verbreitungskraft der Flüsse: Um 1870 wurde der winzige, filigrane Algenfarn *Azolla filiculoides* eingebürgert. Mittlerweile bedeckt diese ursprünglich aus dem subtropischen Südamerika stammende Wasserpflanze im Herbst zahllose stille, windgeschützte Altrheine.

Das Indische oder Drüsige Springkraut (auch als Balsamine bekannt) aus dem Himalaya breitet sich seit den 70er Jahren unseres Jahrhunderts invasionsartig entlang der Bäche, Gräben, Kanäle und Flüsse aus. Als Bienenweide wurde es vielerorts von Imkern ausgebracht – über den Wasserweg verbreiten sich nun die Samen in rasantem Tempo. In den nährstoffreichen Rheinauen fand die zartrosa blühende, einjährige Pflanze besonders günstige Wuchsbedingungen. Sie bildet in lichten Pappelwäldern übermannshohe, dichte Bestände.

Blinde Passagiere und Wanderfische

An Schiffsrümpfen haftend wurde die aus Osteuropa stammende Dreikant-Muschel bis in das Bodenseegebiet und den Rhein verschleppt. Seit 1840 ist sie am Oberrhein nachgewiesen und hat sich seither ständig weiter ausgebreitet. Sie bildet heute eine der wichtigsten Nahrungsquellen der überwinternden Tauchentenschwärme: Reiher- und Tafelenten ernähren sich hauptsächlich von *Dreissena*. Die Muschel hat sich inzwischen auch zur größten natürlichen Kläranlage des Oberrheins entwickelt: Als Filtrierer seihen die zahlreichen Dreikant-Muscheln, die stellenweise dichte Lagen auf dem Grunde der Gewässer bilden, Kleinorganismen und Schwebstoffe ab.

Nicht als blinde Passagiere, sondern ganz aktiv wanderten Fische wie Lachs, Stör, Meerforelle, Finte, Maifisch, Schnäpel, Flunder, Fluß- und Meerneunauge einstmals den Rhein hinauf, um im Süßwasser abzulaichen. Dabei legten sie oft Hunderte von Kilometern Wegstrecke zurück. Heute verbauen ihnen Staustufen und Schleusen den Weg. In kleinerem Rahmen wandern auch typische Flußfische wie Brachse, Barbe, Nase, Rotfeder und Schleie. Sie verlagern im Jahresverlauf ihre Aufenthaltsgebiete, denn erst mit der Überschwemmung der vegetationsreichen Uferzonen werden die Laichplätze zugänglich. Im natürlichen Zustand bestehen also zwischen Meer, Flußlauf und Aue immer wieder Verbindungen, und es findet ein intensiver Austausch statt.

Talaue – Wanderweg und Zugstraße

Ebenso wie für Wasserorganismen bietet sich die Aue auch für vierfüßige Tiere als Wanderweg an. Es gibt Trinkwasser und Nahrung im Überfluß, und der Weg ist gebahnt: Im nacheiszeitlich dicht bewaldeten Europa hielt der Flußlauf eine geschotterte Ebene frei, die von großen Säugetieren wie Waldelefant, Auerochs, Wasserbüffel oder Nashorn durchwandert wurde, wie zahlreiche Fossilfunde in der Oberrheinebene belegen. Der natürliche Strom war auch längst nicht so tief wie er im heute begradigten Zustand erscheint, zudem gab es Furten, wo er durchschwommen oder durchwatet werden konnte.

Entlang der Flüsse gelangten in den Warmzeiten des Pleistozäns viele Tierarten wieder in den süddeutschen Raum. Man geht heute davon aus, daß Besiedlungswellen in allen Erdzeitaltern aus dem amphibischen Überschneidungsbereich zwischen Fluß und Land hervorgingen. Selbst die Besiedlung großer Landschaftsräume weitab vom Flußlauf ist ohne den Reichtum der Auen unvorstellbar.

Auch den Vögeln dient der Rhein mit seinen Auen als Leitlinie auf ihrem Zug: Während der Herbstmonate ziehen große Teile der nordeuropäischen Wasser- und Watvögel entlang der großen Flüsse nach Süden in ihre Überwinterungsgebiete, im Frühjahr kehren sie auf demselben Wege wieder in die Sommerquartiere und Brutgebiete zurück. Dabei bieten die Wasserflächen und Altarme des Oberrheins Rastmöglichkeit mit sehr gutem Nahrungsangebot: Es finden sich durchziehende Trupps von Zwergtauchern, Haubentauchern, Reiher- und Tafelenten, Krickenten, Schnatterenten, Kormoranen, Gänsesägern und Rallen ein. Auf den Schlickufern und trockengefallenen Altarmen sind Watvögel wie Grünschenkel, Rotschenkel, Dunkler Wasserläufer, Bruchwasserläufer, Alpenstrandläufer und Flußuferläufer regelmäßige und häufige Gäste. Der Waldwasserläufer überwintert am Oberrhein.

Überwinterungsplatz und Notquartier

Riesige Tauchentenschwärme aus Tafel- und Reiherenten haben ihr Reiseziel schon in Süddeutschland erreicht. Sie überdauern die kalte Jahreszeit in der klimabegünstigten Oberrheinebene, die ein international bedeutendes Winterquartier darstellt. Im Januar kommen aus dem hohen Norden und von den Meeresküsten Eider-, Eis-, Trauer- und Schellenten sowie Saat- und Bläßgänse hinzu, auch Dohlen und Saatkrähen überwintern gerne in der Nähe der Altrheine. Verstreut gibt es riesige Krähenschlafplätze, wo sich abends die schwarzen Vögel zu Hunderten oder auch Tausenden auf mächtigen Pappeln sammeln. Selbst wenn es zum Jahreswechsel im Oberrheingebiet richtig kalt wird und in manchem Jahr sogar Schnee liegt, finden die Wintergäste meist noch genügend Nahrung.

Allerdings kann es auf den großen Wasserflächen recht eng werden. Die künstlichen Stauflächen werden mittlerweile gerne von Enten und Gänsen angenommen, weil diese praktisch nicht mehr zufrieren – das ganze Jahr hindurch werden warme Industrie- und Haushaltsabwässer eingeleitet!

Von den Brutvögeln der Aue bleiben nur wenige im Gebiet, den meisten ist die Witterung zu kühl – auch Insektennahrung ist im Winter nicht vorhanden. Einem typischen Fischfresser bietet der Oberrhein allerdings gute Überwinterungsmöglichkeiten, dem Eisvogel. Er ist auf offene Kleingewässer mit Ansitzmöglichkeiten angewiesen, denn seine Jagdtechnik würde ihm an Land wenig nützen: Von einem niedrigen Ast oder einem Vorsprung in der Steilwand erspäht er kleine Fische und Insektenlarven. Um sie zu erbeuten, stürzt er sich kopfüber ins Wasser. An den grundwassergespeisten Gießen des südlichen Oberrheins findet er selbst in strengen Wintern meist noch ausreichend Nahrung: Das Grundwasser hat das ganze Jahr hindurch eine Temperatur von acht bis zwölf Grad Celsius, weshalb die Gießen lange eisfrei bleiben.

Auen werden aber nicht nur als reguläre Winterquartiere, sondern auch als Rückzugsräume in Notzeiten genutzt. Zumindest bieten sie oftmals einem kleinen Teil der Population die Chance zu überleben. So haben im Jahrhundertwinter 1962/63, als der Eisvogel in weiten Teilen Mitteleuropas verhungerte und nahezu ausstarb, einige Paare am südlichen Oberrhein überlebt und in der Folgezeit für eine Neubesiedlung gesorgt. Heute brüten dort wieder bis zu 80, am nördlichen Oberrhein weitere 40 Paare.

In neuerer Zeit werden die verheerendsten Katastophen allerdings nicht von extremen Witterungsbedingungen ausgelöst, sondern vom Menschen verursacht oder zumindest mitverschuldet. Unfälle in der Industrie, im Abwassernetz sowie schleichende Zerstörungen können ganze Organismengruppen und Flußabschnitte vernichten. Hier können die Auen mit ihren Altwassern und vielfältigen Rinnensystemen als Notquartier dienen: Sie stehen zwar in Verbindung mit dem Strom, sind aber doch teilweise oder über einen gewissen Zeitraum von ihm abgetrennt.

So erholten sich nach der Sandoz-Giftkatastrophe am 1. November 1986 einige Rhein-Organismen flußabwärts von Basel viel schneller als Experten zu hoffen gewagt hatten – die Wiederbesiedlung konnte aus dem Reichtum der wenigen noch vorhandenen Auen schöpfen. Auch im Sommer 1989 konnten in den Auen der Loire Fische und andere Wasserorganismen überleben, obwohl sich im Hauptgerinne die Abwasserkonzentration bei sehr niedrigem Wasserstand auf eine tödliche Dosis erhöhte.

Etwa 50 Quadratkilometer Auenfläche werden beiderseits des Oberrheins zwischen Basel und Bingen heute noch überflutet – mit ihrer erstaunlichen Produktivität und ihren einzigartig vielfältigen Lebensbedingungen stellen diese Rheinauen einen unschätzbar wertvollen Fundus an Organismen dar. Die Wiederbesiedlung ist dabei nur ein Aspekt der großen ökologischen Bedeutung der Auen – er mag uns Menschen angesichts der voranschreitenden Umweltzerstörung heute allerdings besonders wichtig erscheinen.

Seit Ende der 70er Jahre gibt es am Oberrhein mehrere Überwinterungsplätze des Kormorans. Die krähengroßen Vögel übernachten gemeinsam auf ausgewählten Schlafbäumen. Die abgestorbenen Bäume am Kappeler Innenrhein werden auch tagsüber häufig für eine Rast genutzt.

DER MENSCH UND DIE AUE

Der Reichtum der Auen war auch den Menschen wohl bekannt – doch hat es Tausende von Jahren gedauert, bis sie dem unberechenbaren Lebensraum seine Schätze abtrotzen konnten. Frühe Kulturen im Zweistromland, am Nil oder am Jangtsekiang nutzten die Fruchtbarkeit der regelmäßigen Überschwemmungen, ohne ins Flußregime einzugreifen – selbst die Besiedlungsgeschichte der europäischen Flußauen verlief bis ins späte Mittelalter noch regelrecht „naturverträglich". Mit der Innovationskraft des 19. Jahrhunderts brachten die Menschen jedoch das Ökosystem der Auen fast vollständig aus dem Gleichgewicht. Flußtäler wie die des Rheins wurden zu exklusiven Transportwegen für den Menschen – mit Schiffahrtskanälen, Eisenbahntrassen und Autobahnen. Die fruchtbaren Auenflächen entwickeln sich seither zu Agrarsteppen und industriellen Ballungsräumen.

Besiedlungsgeschichte bis ins 19. Jahrhundert

Die Überschwemmungsgebiete der Flußtäler boten nicht nur für Tier- und Pflanzenwelt ideale Lebensbedingungen, auch für die frühen Menschen waren die Auen ein wichtiger Nahrungslieferant: Hier wurden Früchte und Samen gesammelt, wie die schon erwähnten Wassernuß-Schalenreste der Bodensee-Pfahlbauten und andere Funde belegen. Auch die Jäger machten in der Aue gute Beute. Erst nachdem sich unsere Vorfahren auf das Säen und Ernten verlegt hatten, wurden große Flächen der nacheiszeitlich dicht bewaldeten mitteleuropäischen Landschaft – zuletzt auch die fruchtbaren Auenwälder – gerodet und umgepflügt.

Dabei hatte das Flußregime entscheidenden Einfluß auf die Ausbreitung der menschlichen Kulturlandschaften, denn interessant waren vor allem jene Flußabschnitte, die im Frühjahr Hochwasser führten: Dort war es leichter möglich, Landwirtschaft zu betreiben. Nach dem Rückgang der Überflutungen im März konnten die Felder bestellt und das Vieh auf die Weiden getrieben werden. Die Ernte war kaum gefährdet, denn während der Sommermonate waren keine Hochwasser zu befürchten. In solchen Gebieten wurde deshalb im Laufe der vergangenen Jahrtausende der Auenwald immer weiter zurückgedrängt und fast völlig vernichtet. Flüsse und Flußabschnitte mit ausgeprägten Sommerhochwassern wie der Oberrhein blieben dagegen lange Zeit vom Raubbau verschont, dort existieren auch heute noch Auenwälder.

Kelten, Römer und Alemannen

Schon lange vor unserer Zeitrechnung siedelten Menschen im klimatisch günstigen und wasserreichen Oberrheintal. Einige Namen weisen heute noch auf diese Volksstämme hin. So war Brumath eine wichtige Siedlung der germanischen Triboker – der Ort zwischen Straßburg und Hagenau hat bis heute diesen Namen behalten. Doch gleichgültig, ob der keltische Einfluß überwog, die Römer herrschten oder die Alemannen das Zepter übernahmen – die frühen Gutshöfe und Felder erstreckten sich ausschließlich auf den hochwassersicheren Erhebungen der Niederterrasse, wo fruchtbare Lößboden durch Rodungen erschlossen wurden.

Am Rhein legten die Römer eine befestigte Ufer-Straße an, die heute noch im linksrheinischen Bienwald zwischen Lauterburg, Kandel und Wörth zu finden ist. Hier gab es Posten und Gasthäuser, von denen oftmals eine weitere Besiedelung ausging. So leitet sich der Ortsname Zabern von einer solchen ehemaligen „Taverna" ab, während Straßburg aus dem römischen Legionslager Argentorate entstand. Brücken über den Oberrhein sind aus dieser Zeit nicht bekannt, doch diente der Wildstrom schon im zweiten nachchristlichen Jahrhundert als Transportweg in den Norden. Wichtige Baustoffe wie Holz aus dem Bienwald und Ziegel aus den Tongruben zwischen

Jockgrim und Rheinzabern wurden hier verschifft. Aus den Ziegeleien entwickelte sich in Rheinzabern ein Töpferzentrum, wo auch das feine römische Tafelgeschirr, die „Terra sigillata" in großem Umfang hergestellt wurde. Die Erzeugnisse wurden bis nach Britannien, nach Südskandinavien, an die Weichsel und in den Schwarzmeerraum verkauft.

Kleinbauern und Fränkischer Dorfstil

Gegen Ende des sechsten Jahrhunderts änderte sich mit der merowingisch-fränkischen Landnahme die Siedlungsform grundlegend. Neben den Großgrundbesitz mit Guts- und Fronhöfen trat die kleinbäuerliche Wirtschaft, die Dörfer mit charakteristischem Aussehen hervorbrachte: Einstöckige Häuser mit Giebelfronten – im rechten Winkel dazu Stallung und Scheuer, die den Hof umgrenzten. Solche Häuser finden sich in den oberrheinischen (Straßen-) Dörfern auch heute noch häufig. Die Siedlungen lagen an den Gestaderändern der hochwasserfreien Niederterrasse, besonders gerne an den von der Erosion geschaffenen Spornen, die einen guten Überblick und gleichzeitig Schutz von drei Seiten boten.

Rheinauen-Idylle des 17. Jahrhunderts vor der aufstrebenden Stadt Straßburg. Sie diente als Motiv für das Titelblatt des 1666 erschienenen Jagd- und Fischereibuchs von Leonhard Baldner.

Weitere Rodungen verändern das Landschaftsbild

Bis ins 9. Jahrhundert hatte die Siedlungs- und Landwirtschaftstätigkeit keinen direkten Einfluß auf die Ökologie der Rheinauen. Damals begann allerdings eine neue Phase der Rodung und es folgten zahlreiche Ortsgründungen. Im 13. Jahrhundert hatte diese Siedlungswelle ihren Höhepunkt erreicht – die Lößgebiete und die höheren Teile der Niederterrasse waren als kultiviertes Land weitgehend waldfrei.

Die flußnahen Auenbereiche und Sümpfe blieben bis zum Beginn des 18. Jahrhunderts in das langsam gewachsene System der Landnutzung eingepaßt. Ackerbau und Weinbau wurden in den hügeligen Lößgebieten und höher gelegenen Schotterebenen der Niederterrasse betrieben, Viehzucht mit freier Weide sowie Wiesenwirtschaft konzentrierte sich in den feuchten und zeitweilig überschwemmten Niederungen – auch in den Wald wurden die Herden getrieben. Die großflächigen Rodungen in den höher gelegenen Bereichen und an den Rheinzuflüssen machten sich jetzt zunehmend im Flußlauf bemerkbar: Die Erosion verstärkte sich im entwaldeten Kulturland, und die Menge an Feinsedimenten nahm zu – und damit auch die Ablagerungsmenge und die Anlandungen in der Stromaue. Es entstanden ausgedehnte Schwemmländer.

Vom Urwald zum Bauernwald

Eine wichtige Existenzgrundlage der rheinischen Dorfgemeinschaften stellten die Auenwälder dar. Aus dem Unterholz wurden schnell nachwachsende Weiden, Pappeln und Erlen als Brennholz entnommen, während die langlebigen Eichen, Ulmen und Eschen als Bauholz geschlagen wurden – man findet noch heute in den Fachwerkhäusern der Riedgemeinden die knorrigen Balken. Die Eiche lieferte zudem auch Eicheln für die Schweinemast: Sie war die wichtigste Baumart der Bauernwälder. Ihre Verbreitung wurde deshalb in diesen Tagen der frühen Waldwirtschaft gefördert. Ganz allgemein wurde der Auenwald als Weidefläche genutzt. Nur die Ziege hatte man schon früh von der Waldweide verbannt, weil ihren Verbiß kaum ein Baum übersteht. In Freiburg war die Ziegenhaltung 1324 sogar ganz verboten worden.

Zwischen dem 13. und 18. Jahrhundert setzten Pest, Bauernkriege und 30jähriger Krieg der Ausbreitung der Kulturlandschaft ein vorläufiges Ende: Die Bevölkerungszahlen gingen zurück, Dörfer und Städte verödeten, bereits kultiviertes Land wurde wieder aufgegeben und bewaldete von neuem. Weite Waldteile wurden allerdings während der Kriegswirren im 17. Jahrhundert ruiniert, weil ganze Dörfer mit ihren Tierherden in den Auenwäldern Schutz gesucht und sich dort zurückgezogen hatten.

Die Landwirtschaft frißt sich in die Aue

Erst im 18. Jahrhundert nahm die Bevölkerung wieder stetig zu, und der Bedarf an Nahrungsmitteln stieg. Die Landwirtschaft wurde intensiviert und die Flächen ausgedehnt – nun immer stärker auch in Bereiche, die bislang unberührt geblieben waren, weil sie zu nahe am reißenden Strom lagen, um gefahrlos bestellt werden zu können.

Zwischen 1780 und 1830 wurde die Waldweide abgeschafft, weil mit der Stallfütterung höhere Milch- und Fleischerträge erwirtschaftet werden konnten. Dabei wurden nicht nur wild wachsende Pflanzen den Kühen und Schweinen im heimischen Stall vorgeworfen, sondern zunehmend auch angebaute Futterpflanzen wie Kartoffeln, Rüben und Klee. Die Produktion von Gras und Heu mußte ebenfalls gesteigert und effektiver gestaltet werden. Die Folge war die weitere Rodung von Auenwäldern – der Druck auf die Feuchtgebiete wuchs.

Von der Waldweide zum Nieder- und Mittelwald

Gleichzeitig veränderte sich auch die Forstwirtschaft grundlegend: Der Wald hatte als Weideland seine Bedeutung verloren – nun sollten größtmögliche Mengen von Holz geschlagen werden, denn mit der Bevölkerung wuchs der Bedarf an Brenn- und Bauholz. Zunehmend wurden auch die großen Bäume entnommen, ohne daß für ausreichenden Nachwuchs gesorgt wurde. So entstanden die Niederwälder, die alle fünf bis 15 Jahre flächig geschlagen wurden und sich aus Stockausschlägen verjüngten. Blieben einige alte kräftige Bäume stehen, so sprach man vom Mittelwald. Er stellte einen Kompromiß zwischen Brennholzproduktion (im Unterstand) und Bauholzproduktion (im Oberstand) dar und blieb bis zum Beginn des 20. Jahrhunderts in der Aue die prägende Waldform.

Die Auenvegetation lieferte jedoch nicht nur Bau- und Brennholz, auch geschnittenes Seegras wurde zur Herstellung von Seilen, Matratzen und

Schuhen entnommen. Schilf, Gras und Laub dienten als Einstreu in den Ställen, Wildäpfel der Herstellung von Essig. Weidenruten wurden als Bindematerial für die Reben in den Weinbergen und für Getreidegarben auf dem Acker verwendet, ferner als Flechtmaterial für Körbe und Fischreusen.

In Form von Faschinen dienten Weidenruten auch als Sicherungsmaterial bei Dammbauten und Uferbefestigungen. Dazu wurden eigens entlang des Rheins Faschinenwälder angelegt. Die vier bis fünf Meter langen ausgewachsenen Ruten wurden während des Winters geschnitten, zu Bündeln, den Faschinen, geschnürt und aufgestellt. Bei Hochwasser wurden sie an kritischen Stellen dammartig aufgeschichtet und mit dem Untergrund verpflockt. So sorgten sie für den Erhalt der erosionsgefährdeten Uferzonen. Durch das Hochwasser befeuchtet, trieben sie erneut aus, sammelten Sediment und verwurzelten das Ganze zu einem stabilen, lebenden Damm.

Die Macht des großen Stromes

Mit dem Bevölkerungswachstum rückten auch die Orte immer näher an den Fluß heran, so daß im ausgehenden Mittelalter Hochwasserabflüsse und die natürliche Flußverlagerung zunehmend zum Problem wurden. Mit Faschinen und vereinzelten Dammbauten wurde zwar versucht, das Überflutungsgeschehen zu lenken, doch erst im 18. Jahrhundert erlangten Dämme größere Bedeutung. Trotz verschiedener Eingriffe und Bändigungsversuche blieb der Rhein und seine Aue bis zum Beginn des vorigen Jahrhunderts nahezu unbeeinflußt.

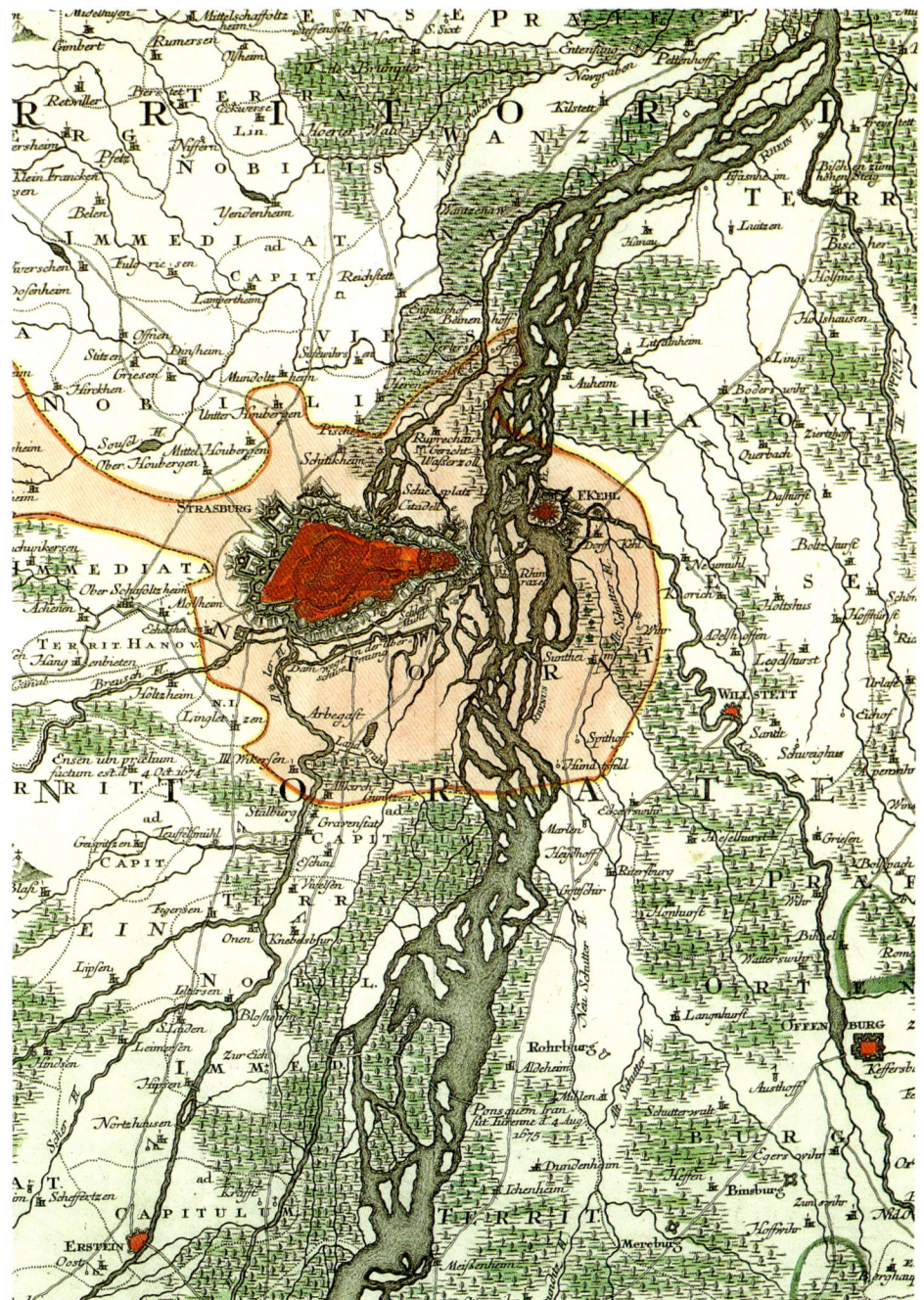

Im 18. Jahrhundert glich der Rhein bei Straßburg noch einem dichten Netz von Wasserläufen. Diese typische Furkationszone hielt Matthäus Seutter um 1710 fest. Nur im städtischen Bereich war der Auenwald gerodet.

Nur ein Gedenkstein erinnert noch an das Dorf Knaudenheim, das vom Rheinhochwasser zerstört wurde.

Die Menschen, die entlang des Flusses lebten und immer mehr auf die fruchtbaren Auenflächen angewiesen waren, fühlten sich vom wilden Strom bedroht. Dieser gab die Flächen nicht kampflos preis: Immer wieder verschlang der Rhein ganze Dörfer und zwang die Bewohner, wieder in höher gelegene Siedlungsbereiche auszuweichen. So ging Dunhausen, das rheinwärts von Ottersdorf lag, 1583 in den Fluten des Rheins unter. Ebenso erging es 1628 Wörth: Die Bewohner konnten sich nach Forlach retten, das sie nach ihrer alten Heimat umbenannten. Auch von Knaudenheim und Dettenheim existieren heute nur noch Gedenksteine: „Hier ist die Mitte unseres alten Ortes Knaudenheim. Wegen fortwährender Wassergefahr verlegte denselben heute vor 100 Jahren unser hochherziger Landesherr... die dankbare Gemeinde Huttenheim am 17. August 1858". Oder: „Hier war bis zum Jahre 1813 der Mittelpunkt des Dorfes Dettenheim. Durch die Fluten des Rheinstromes gezwungen, verließen dessen Bewohner in jenem Jahre die Heimat und gründeten in Altenbürg eine Neusiedlung. Dieser Ort erhielt den Namen Karlsdorf. Errichtet im Juni 1938 durch die Gemeinde Karlsdorf."

Weniger schlimm traf es Gemeinden wie Edigheim, Oppau und Neuburg. Aus den linksrheinischen Dörfern wurden quasi über Nacht rechtsrheinische. Auch die Ortschronik des heute über 1250 Jahre alten Rieddorfes Plittersdorf bei Rastatt berichtet 1709 von der Vernichtung des kultivierten Landes, von Saat und Ernte: „Laut eines Gutachtens fresse der Rhein so stark auf der Plittersdorfer Gemarkung ein, und der Schaden nehme so zu, daß der Ruin des Dorfes unfehlbar zu gewärtigen sei, wenn

Obelisk für Adam Lang aus Linkenheim, der mit der „Austrocknung eines Dammfeldes" fruchtbares Ackerland für die Rheinauen-Bewohner gewonnen hat.

Seit Jahrtausenden dient der Rhein als Transportweg. Jacht des Markgrafen Karl III. von Baden-Durlach, um 1710. Seitenschwerter gestatten auch die Fahrt im seichten Wasser.

dem ungestümen Element nicht kräftig Einhalt geboten werde." Und weiter: „Man war sich über die Größe der Gefahr für Plittersdorf und Steinmauern vollkommen klar, zumal der Rhein damals etwa fünfeinhalb Meter tief war und seine reißende Strömung innerhalb eines Jahres über 200 Schritt von den bei Plittersdorf liegenden Feldern hinweggerissen hat und wahrscheinlich in einem Jahr bis an die nächsten Häuser vorrücken und sie verschlucken wird, wenn man nicht schleunigst abhilft."

So war es nur zu verständlich, daß sich die Rheinanlieger zu Beginn des 19. Jahrhunderts von den Plänen einer Flußbegradigung schnell begeistern ließen – sollte sie doch die Hochwassergefahr bannen, den Rhein davon abhalten, ständig seinen Lauf zu ändern und dabei mühsam kultiviertes Land wieder zu verschlingen. Durch Trokkenlegung der Sümpfe sollten zudem weitere Flächen für den Anbau von Feldfrüchten zur Verfügung stehen. Auch aus gesundheitlichen Gründen schien so ein ordentlicher, „gebändigter" Rhein geraten, denn die Feuchtgebiete waren auch Heimat jener Stechmückenarten, die das Wechselfieber (Malaria) übertragen konnten.

Vom Wildstrom zur Schiffahrtsrinne

Hochwasserschutz war zwar ein großes Anliegen der Menschen am Oberrhein – sie bangten um ihre Felder und Siedlungen. Doch ausschlaggebend für die Rheinkorrektion waren vor allem die Anforderungen der Schiffahrt, die sich zu Beginn des 19. Jahrhunderts grundlegend veränderte: Die große Zeit der Dampfschiffe begann. Mit den neuen technischen Möglichkeiten wurden auch die Grundlagen für einen gezielten „Wasserbau" geschaffen: Nicht mehr die Schiffe paßten sich an die Gegebenheiten des Flusses an, sondern der Fluß wurde für die moderne Schiffahrt passend gemacht. Eine Begradigung und Eindämmung des Rheins bot außerdem die Möglichkeit, endlich feste Grenzlinien zu ziehen – der Wildstrom hatte mit seinen unberechenbaren Laufänderungen immer wieder Gemeinden von ihren Besitzungen oder Stammländern

Die Mäanderzone zwischen Knielingen und Linkenheim um 1785: In der Nähe des Rheins überwog noch der Auenwald (dunkelgrün). Einige Flächen waren gerodet und wurden als Weideland oder Streuwiese genutzt (hellgrün). Die Acker-Parzellen reichten nur an wenigen Prallhängen bis an den Strom heran (Karte von C.C. Schwenck).

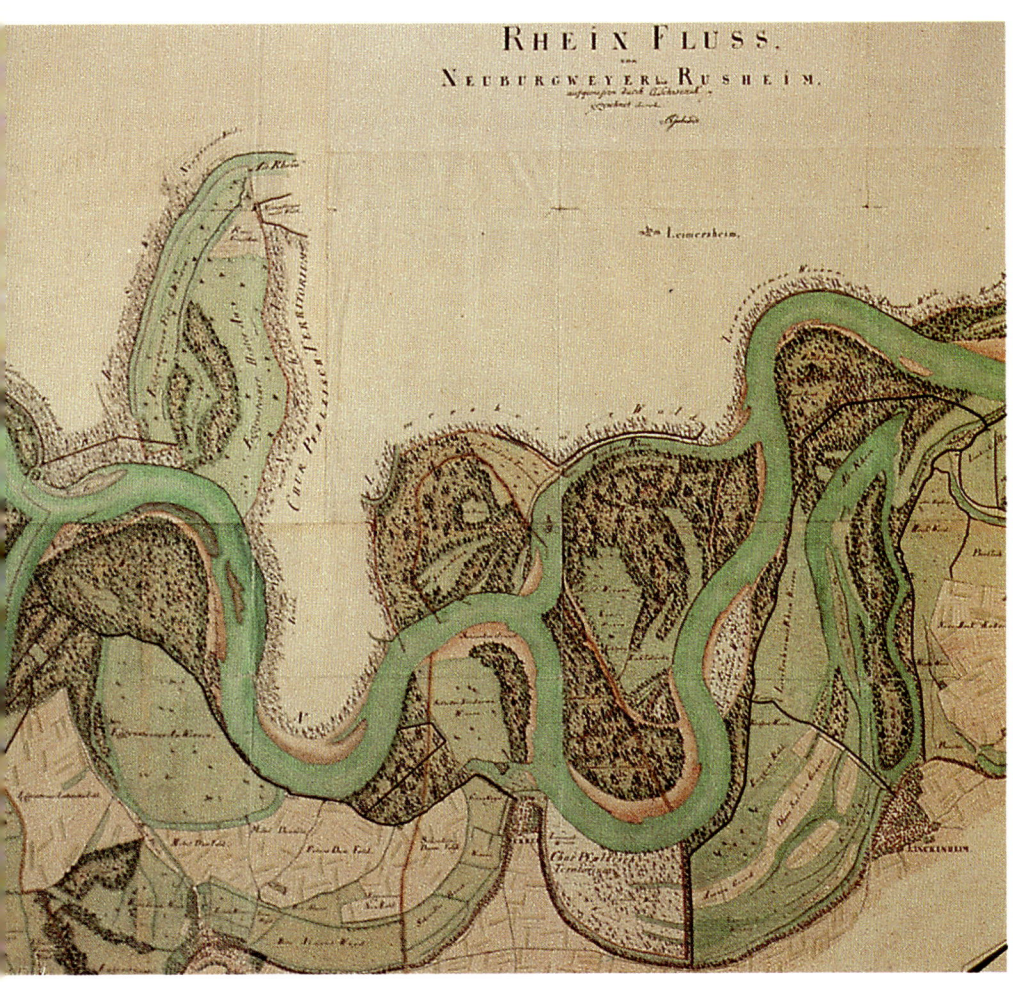

abgetrennt und damit Anlaß zu Territorialstreitigkeiten gegeben.

Transportweg Rhein

Als Wasserstraße diente der Rhein schon den Römern zum Transport von Gütern und Menschen: Mit Last- und Kriegsschiffen, die bis zu 30 Meter lang waren, aber nur 70 bis 80 Zentimeter Tiefgang hatten, konnten 200 Tonnen Ladung auf dem Wildstrom befördert werden. An die Häfen erinnern noch heute Namen wie Neupotz oder Pforz. Seit dem 12. Jahrhundert steuerte man die „Lauertanne" (auch „Oberländer" oder „Mainzer Lade" genannt), einen recht klobigen Kasten mit etwa drei Tonnen Nutzlast. Sie wurde stromabwärts am Bestimmungsort als Nutzholz verkauft – die Kosten des Rücktransports hätten den Herstellungswert weit überstiegen.
Sowohl stromabwärts als auch stromaufwärts fuhr der „Holk", ein hochseetaugliches Schiff, das bei 18 Metern Länge bis zu acht Tonnen Ladung fassen konnte. Wie die römischen Schiffe hatte der Holk nur 70 Zentimeter Tiefgang, besaß aber bereits ein ausgeklügeltes Rudersystem und ein Segel, das die Bergfahrt unterstützte. Die Hauptarbeit beim Fahren gegen die Stromrichtung wurde jedoch von Menschen oder Pferden vom Flußufer aus erledigt: Sie „treidelten" die Schiffe entlang der schwierigen „Leinpfade" flußaufwärts. Die Schiffahrt auf dem Oberrhein war allerdings kein ungefährliches Unterfangen – sowohl bei den Treidlern als auch bei den Schiffsleuten waren Unglücke alles andere als selten.
Hinderlicher als Stromschnellen und Untiefen wurden im Mittelalter allerdings die Wege-Zölle und Stapelrechte: Der Rhein hatte sich zur wichtigsten deutschen Verkehrsstraße und zu einer lukrativen Einnahmequelle der Anrainer entwickelt, was sich in der Zahl der Zollstellen widerspiegelte: Gegen Ende des 12. Jahrhunderts waren es nur 19 gewesen, im 14. Jahrhundert dagegen schon 60. Zuletzt bemächtigten sich auch die Städte des „Stromregals" und schränkten die Schiffahrt durch immer neue Stapel- und Umschlagsrechte weiter ein.
1557 wurden erste Konvente und Zollkapitel erlassen, doch erst langwierige Verhandlungen am Rande des Wiener Kongresses führten 1815 zur Gründung der Zentralkommission für die Rheinschiffahrt, die einheitliche Regelungen für eine unbeschränkte Schiffahrt auf dem Rhein erarbeiten sollte. 1831 einigten sich dann die damaligen Uferstaaten Frankreich, die Niederlande, Bayern, Baden, Hessen, Nassau und Preußen auf die Mainzer Schiffahrtsakte, die in revidierter Fassung 1868 zur „Mannheimer Akte" wurde – im Prinzip hat sie noch heute Gültigkeit. Sie

regelt Ausbildung und Zulassung im Schiffereigewerbe, die Überwachung der Schiffahrtsrinne und die rechtlichen Grundlagen des Verkehrs. Der Kommission, die nach dem Ersten Weltkrieg ihren Sitz von Mannheim nach Straßburg verlegte, gehören heute Frankreich, die Niederlande, Belgien, die Schweiz, Großbritannien und Deutschland an.

Mit Volldampf voraus

Erst mit dieser einheitlichen Regelung der Rheinschiffahrt wurde es möglich, die Wasserstraße noch effektiver zu nutzen – mit Hilfe der Maschinenkraft. Bereits 1707 hatte der französische Arzt und Naturforscher Denis Papin ein Boot mit der von ihm entwickelten Dampfmaschine und Dampfpumpe angetrieben, aber erst 1807 wurde in New York ein für die Flußschiffahrt brauchbarer Raddampfer gebaut. 1816 befuhr dann erstmals ein hölzernes Dampfschiff, die „Prinz von Oranien", den Rhein von Rotterdam bis Köln.
Nun war der Rheinausbau nicht mehr zu stoppen – die Erfindungen waren zur Einsatzfähigkeit gereift. 1817, im gleichen Jahr wurde schon mit der „Rectifikation" am Oberrhein begonnen, kam James Watt mit seiner „Caledonia" bis Koblenz. 1825 nahm die Mannheimer Dampfschiffahrtsgesellschaft ihren regelmäßigen Schiffsverkehr auf dem Rhein auf, und im gleichen Jahr passierte das erste Dampfschiff Speyer. 1842 begann der Schleppdienst mit Schaufelraddampfern, der damals schon bis Straßburg reichte. Ein einziger Dampfer konnte bis zu acht Schleppkähne flußaufwärts ziehen.

Einigung zwischen beiden Rheinseiten

Auch die politischen Weichen waren gestellt: Zwischen Frankreich und Baden war schon nach dem Hochwasser von 1778 eine Einigung zustande gekommen, *„die vielen Arme des Rheins allmählich abzuschneiden, um Land zu gewinnen, die Schiffahrt zu erleichtern und die Hoheitsgrenze weniger wandelbar zu machen, die Rheinbauarbeiten so anzuordnen, daß dieselben ... dem gegenüberliegenden Staat nicht zum Schaden gereichen."* Man begann hie und da zu bauen, doch ohne großen Fortschritt. 1796 wurde ein neuer Versuch gemacht, doch erst der Eintritt Johann Gottfried Tullas in den badischen Staatsdienst gab der Entwicklung einen Schub: Er wurde beauftragt, einen Gesamtplan für eine (Ober-) Rheinkorrektion auszuarbeiten und ihn mit allen Beteiligten abzusprechen.

Tulla – Der Bändiger des Rheins

Der 1770 in Karlsruhe geborene Pfarrerssohn Johann Gottfried Tulla hatte Mathematik studiert und sich am Niederrhein, in Norwegen und Paris theoretische und praktische Kenntnisse des Ingenieurwesens erworben. 1809 legte er einen ersten Plan zur Gesamtkorrektion des Rheins vor, für den er – weitsichtig – wie folgt warb: *„Wird der Rhein rectificiert, so wird alles längs diesem Strom anders werden. Der Mut und die Tätigkeit der Rheinuferbewohner wird in dem Verhältnis steigen, in welchem ihre Wohnungen, ihre Güter und der Ertrag mehr geschützt sein werden."* Auch das Klima längs des Rheins sollte *„wärmer und angenehmer"* werden, sobald die Wasserfläche verringert und die Sümpfe trockengelegt sein würden: Weniger Nebel, dafür reinere Luft versprach Tulla.

Kritische Stimmen und massive Gegenwehr

Allerdings gab es auch heftigen Widerspruch gegen die gigantische Flußbau-Maßnahme: Die Palette der Gegenreaktionen reichte von technischen Einwänden (die aus heutiger Sicht durchaus berechtigt waren), Protestnoten anderer Anrainerstaaten bis hin zur gewalttätigen Gegenwehr der Rheinuferbewohner. Der Straßburger Flußbaudirektor Christiani nahm an, daß die Begradigung des Flusses eine erhebliche Zunahme der Stromgeschwindigkeit mit sich bringen würde, und die preußische Regierung befürchtete, daß zukünftig mehr Kies und Sand in den zu ihrem Herrschaftsbereich gehörenden Niederrhein geschwemmt werden könnte. Hochwasser von ganz neuen Ausmaßen wurden für das Zusammentreffen der Wasserwellen aus Oberrhein, Mosel und Main prognostiziert, ebenso das Ausdörren weiter Uferländereien.
Vor Ort gab es tätliche Angriffe auf die Bautrupps, etwa 1802 bei Auenheim, wo französisches Militär die Arbeiter vor der Bevölkerung schützen mußte. Gleiches wiederholte sich in Knielingen in den Jahren 1813 und 1817 – das Dorf fürchtete (zu Recht) um seine Fischgründe. Knielingen wurde militärisch besetzt, und die Soldaten mußten die Arbeiten weiterführen, weil die Knielinger eine Beteiligung ablehnten. Mit dem „Flußbauedikt" von 1816 konnte Tulla durchsetzen, daß die Arbeiten nicht länger im Frondienst durchgeführt wurden,

sondern mit qualifizierten Arbeitskräften, die aus einer Art Steuer der betroffenen Gemeinden, dem „Flußbaugeld", bezahlt wurden.

Die Tullasche Rheinbegradigung

So begannen die eigentlichen Arbeiten für das nicht eben billige Mammut-Projekt des Wasserbau-Technikers Tulla im Jahr 1817. In der Furkationszone wurde der Rheinlauf durch Leitwerke in ein gradliniges, etwa 200 Meter breites Bett gezwängt. Innerhalb der Mäanderzone machte man sich das natürliche Prinzip zu eigen, schuf künstliche Durchstiche, die der Fluß bald vertiefte und verbreiterte, und schüttete die alten Flußschlingen an ihrem Einlauf zu. Die abgehängten Rheinarme füllten sich mit Sediment und verlandeten. Parallel zum begradigten Flußlauf wurden Dämme errichtet, die ein Ausufern des Hochwassers verhindern sollten. Die 500 bis höchstens 1 500 Meter breite Zone innerhalb der Dämme wird als Rheinvorland oder Jungaue bezeichnet. Landseits der Dämme entstand die nicht mehr überschwemmte, aber noch durch schwankende Grundwasserstände geprägte Altaue mit den nassen Randsenken am Gestadebruch.

Die Grundwasserstände sinken

Die Laufbegradigung durch die Verlagerung des Stromes in ein höchstens 200 Meter breites, kanalisiertes Bett ergab auf der Strecke zwischen Basel und Bingen eine Laufverkürzung um 81 Kilometer oder 23 Prozent. Jetzt floß das Rheinwasser wesentlich schneller als zuvor, und die Schleppkraft des Oberrheins nahm zu: Durch die verstärkte Sohlenerosion tiefte sich der Fluß stärker ein als zuvor. Wie Tulla es geplant hatte, sanken mit der Tieferlegung des Strombettes auch der Flußwasserspiegel und folglich der Grundwasserspiegel ab. Auf der Fläche der vertrocknenden Auenlebensräume konnte neues Acker- und Grünland erschlossen werden. Allerdings hatte Tulla den Eintiefungs-Effekt vollständig unterschätzt: Südlich von Breisach fielen die Fluß- und Grundwasserstände um mehrere Meter, der „Tulla-Rhein" fraß sich in nur wenigen Jahrzehnten bis zu zehn Meter tief in den Untergrund. Selbst für die Landwirtschaft waren die Flächen schon bald zu trocken.

Verlust von Auenlebensräumen

Mit dem Ausbleiben der Überflutungen und dem starken Absinken der Grundwasserstände vertrockneten Sümpfe, Feuchtgebiete und Auenwälder. Allein auf der badischen Seite gingen bis zum Ende des 19. Jahrhunderts 10 000 Hektar Altarme verloren. Auf Kiesflächen, die jetzt nicht mehr im Einflußbereich des Hauptgerinnes lagen und verlandenden Wasseradern konnten sich zwar neue Wälder entwickeln, diese wurden aber intensiv erschlossen und genutzt. Selbst jene vom Menschen erzeugten Altrheine, die nicht vollständig verlandeten oder zugeschüttet wurden, verloren ihren auentypischen Charakter – neben der fehlenden Flußdynamik wurden sie nun von Nicht-Auenbaumarten viel zu stark beschattet. Zudem wurde der Organismenaustausch zwischen dem Rhein und seinen Seitenarmen sowie den zeitweise durchflossenen Gewässerarmen – den Rinnen, Schluten oder Gießen – unterbunden. Für viele Fischarten gingen damit die wichtigsten Laich- und Nahrungsgründe verloren. Doch auch im Stromlauf selbst verschlechterten sich die Lebensbedingungen. Gegen die stärkere Strömung mußten nun Wanderfische wie Lachs, Meerforelle, Maifisch, Nase, Barbe und Stör ankämpfen. Auf ihrer langen Laichwanderung von der Nordsee bis zu den kiesigen Zonen des Oberrheins, die sie alljährlich im Herbst zurücklegten, fehlten Ruheplätze, und der schnellere Wasserabfluß im begradigten Rhein beeinträchtigte die Laichentwicklung dieser Arten. Selbst in den verbliebenen Auenbereichen änderte sich das Abflußgeschehen: Die Flußaue wurde durch Dammbauten auf einen schmalen Hochwasserstreifen reduziert – besonders drastisch zwischen Karlsruhe und Mannheim. Dort kommt es bei Hochwasser zu einem regelrechten „Düseneffekt", der die Lebensmöglichkeiten von Tieren und Pflanzen massiv einschränkt. Noch bis 1890 brüteten Fischadler und Schreiadler in den Rheinauen. Sie sind heute, ebenso wie die Zwergseeschwalbe, am Oberrhein ausgestorben. Auch Flußseeschwalbe und Flußuferläufer – vor der Begradigung überaus zahlreich – gingen in ihren Beständen dramatisch zurück.

Die Hochwasser verlagern sich

Noch vor Tullas Tod 1828 bewies das schwere Hochwasser von 1824 die (scheinbare) Richtigkeit der Baumaßnahmen: Die bereits rektifizierten Abschnitte blieben von Überschwemmungen verschont. Daraufhin wurde das bis ins kleinste Detail geplante

Werk Tullas fortgesetzt, und die Gesamtkorrektion war 1879 fürs erste beendet. Durch die Laufverkürzung und die begleitenden Dammbauten verbesserte sich die Hochwassersituation zwar für die Anlieger entlang der regulierten Rheinabschnitte, doch flußabwärts verschlimmerte sich die Lage. Am Oberrhein wurde Tulla jedoch als Bändiger des Rheins gefeiert, und noch 1959 läßt sich Hermann Kraemer in seiner Plittersdorfer Ortschronik zu wahren Lobeshymnen hinreißen: „*Tullas gewaltige Leistung bändigte den wilden Gesellen Rhein, indem er ihn in ein festgefügtes Strombett zwängte, das Wasser vieler Rheinarme sammelte und dem Hauptstrom zuführte, den alten Lauf wesentlich verkürzte und den Fluß erst zu einer bedeutenden Wirtschaftader ausbaute. Dazu kommt noch, daß Sumpf und Fieber wichen und umfangreiches fruchtbares Akker- und Wiesenland entstanden.*"

Das Problem der Entwässerung der Rheinniederung hinter den Dämmen war zu Tullas Zeiten allerdings noch lange nicht gelöst. In die Hochwasserdämme waren Schleusen eingebaut, die den Bächen den Weg zum Rhein freigaben. Bei Hochwasser wurden die Schleusen geschlossen, was zu einem

Die Rheinstrecke zwischen Neuburgweier und Linkenheim 1828 vor und 1882 nach der Tullaschen Rheinkorrektion. So stellte sie Max Honsell, der Nachfolger Tullas, in seiner 1885 veröffentlichten „Korrektur des Oberrheins" dar.

Rückstau führte. Der wurde noch durch den umgekehrten Grundwasserstrom und die meist mit Hochwasser zusammenfallenden Niederschläge verstärkt. Im Jahr 1910 setzte das lang anhaltende Sommerhochwasser weite Teile der Rheinniederung mehr als drei Monate lang unter Wasser und zerstörte große Teile der Ernte. Danach wurde die bereits 1870 begonnene Entwässerung mit Hilfe künstlicher Gräben und teilweise dampfbetriebener Schöpf- und Pumpwerke für den Hochwasserfall entlang des ganzen Oberrheins fertiggestellt.

Ertragssteigerungen in engen Grenzen

Nicht nur der Oberrhein wurde im Laufe des 19. Jahrhunderts reguliert, auch Dreisam und Elz (1837-42), Kinzig (1852-61) und Murg (1830) wurden korrigiert. Im 20. Jahrhundert folgten Schutter (1933-34) sowie Acher und Rench (ab 1936). Mit dem Flußausbau verschwanden die jährlichen, großflächigen Überschwemmungen in der Rheinniederung und der Kinzig-Murg-Rinne, und durch ein System von Entwässerungsgräben konnte das Grundwasser abgesenkt werden – zugunsten einer intensiven Bewirtschaftung als Acker- und Grünland. Weiterhin dienten Grabensysteme (beispielsweise an der Elz und an der Rench) auch zur gezielten Bewässerung der Wiesen im Frühjahr. Reste der „Wässerwiesen", die ihrerseits zu einem wichtigen Biotoptyp und Ersatzlebensraum geworden sind, finden sich heute noch zwischen Herbolzheim und Rheinhausen im Landkreis Emmendingen.
All diese Maßnahmen brachten zwar erhöhte Erträge, sorgten aber kaum dafür, daß die Nahrungsmittelproduktion

mit der in den Städten rasch anwachsenden Bevölkerung einigermaßen Schritt halten konnte. Armut und Not waren in den badischen Gemeinden in der Mitte des 19. Jahrhunderts so erdrückend, daß es zu großen Auswanderungswellen nach Nordamerika kam, auch das Scheitern der Badischen Revolution 1848 trug dazu bei. Viele Gemeinden unterstützten die Abwanderung, indem sie den potentiellen Auswanderern die Überfahrt finanzierten oder sie bezuschußten. Das Geld dafür erlöste man aus dem Holzverkauf und der Abholzung ganzer Waldteile, wie beispielsweise im „Alten Wald" bei Steinmauern. So gingen in der zweiten Hälfte des 19. Jahrhunderts weitere riesige Auenwaldflächen verloren.

Das anhaltende Bevölkerungswachstum hätte damals unweigerlich zu einer ökologischen Katastrophe geführt, wenn nicht der Kolonialismus ein gewisses Ventil geschaffen hätte. Im badischen Realteilungsgebiet ließ die Bevölkerungsexplosion die Felder dennoch zu schmalen, langgestreckten Parzellen schrumpfen, den Strumpfbändelesäckern. Erst mit dem Einsatz fossiler Energien und neuer landwirtschaftlicher Produktionstechniken in unserem Jahrhundert konnte die Ernährungsbasis wieder sichergestellt werden. Der Einsatz von Mineraldünger und Pestiziden in Verbindung mit Großmaschinen führte allerdings zu einer ganz neuen Dimension von Naturzerstörung.

Schiffahrt in der Frühphase der Industrialisierung

Die Tullasche Regulierung hatte die Wildheit des Rheins zwar gezügelt, aber längst nicht gebändigt. Noch konnten die stürmischen Wesenszüge seines Wasserregimes nicht restlos unterbunden werden. Die seit 1880 schnell heranwachsende Industrie in Basel und am Oberrhein hatte allerdings ganz entscheidendes Interesse daran, daß der Rhein sich zu einer zuverlässigen, ganzjährig schiffbaren Transportader entwickelte. Die Anlieferung von Rohstoffen aus fernen Regionen und Ländern und der Abtransport der Produkte wurden immer wichtiger.

Die Reste der Flußdynamik sorgten vor allem während der Hochwasser auch weiterhin für eine ständige Verlagerung der Schotter-, Kies- und Sandbänke. Die Schiffahrt auf dem Oberrhein war nur bei Mittelwasser möglich, und selbst dann war sie nicht gefahrlos: Die Lotsen mußten sich ständig neue Wege zwischen Hindernissen und Untiefen suchen. Die Großschiffahrt scheute die riskante Strecke von Mannheim flußaufwärts, und so dachte man über einen Rheinseitenkanal nach. Die Häfen in Mannheim und Ludwigshafen drohten zu Hauptumschlagsplätzen der Rheinschiffahrt zu werden und zu ihrem Endpunkt zu geraten – eine Vorstellung, die den großen Anrainerstädten am südlichen Oberrhein gar nicht zusagte.

Honsells Nachbesserungen – der Buhnenbau

Durch zwei konkurrierende Kanalpläne versuchten sich die rechtsrheinischen Städte Karlsruhe, Rastatt und Kehl sowie die linksrheinischen Städte Straßburg und Speyer buchstäblich das Wasser abzugraben. Ein vielversprechender Plan für den linksrheinischen Seiten-Kanal wurde 1888 auf dem internationalen Binnenschiffahrtskongreß in Frankfurt

vorgetragen, doch der Karlsruher Baudirektor und spätere badische Finanzminister Max Honsell konnte mit seinem Vorschlag einen Kompromiß erreichen: Der Tulla-Rhein sollte in seinem Korrektionsbett noch stärker reguliert werden, was der Stadt Karlsruhe den Verbleib an der Schiffahrtsstraße garantierte und noch dazu billiger war.

Honsell, 1843 in Konstanz geboren, studierte an der von Tulla gegründeten Technischen Hochschule in Karlsruhe und begann 1865 seine Arbeit als Wasserbauingenieur beim Altriper Durchstich. 1897 legte er einen Entwurf vor, der durch ein gestaffeltes System von Querbauten, sogenannten „Buhnen", den Fluß in ein noch engeres Bett zwang. Im verbliebenen Querschnitt

Zwischen Breisach und Straßburg wird der Tullasche Rheinkanal nur noch bei großen Hochwassern durchströmt – die übrige Zeit fließt das Wasser durch die wechselseitig angelegten Kanalschlingen. Buhnen sollten das Wasser in ein festes Bett leiten, heute sind sie Ansatzpunkte der Verlandung: Röhrichte und Weiden besiedeln die Buhnenfelder.

sollte der Rhein auch bei niedrigem Wasserstand eine ganzjährig schiffbare Abflußrinne bilden. Die 1907 begonnenen Arbeiten, von denen Honsell selbst, der 1910 starb, nicht mehr viel erlebt haben kann, verschafften dem inzwischen nach Ladungsmenge (Tonnage) gewachsenen Frachtschiffbetrieb ein sicheres und allzeit nutzbares Fahrwasser sowie Hafenanlagen und Kais.

Während des Ersten Weltkriegs wurden die Bauarbeiten unterbrochen, doch ab 1939 war Basel auch bei Niedrigwasser durch eine noch 80 bis 100 Meter breite und mindestens zwei Meter tiefe Fahrwasserrinne mit dem Schiff zu erreichen.

Die negativen Auswirkungen der Tullaschen Rheinkorrektion wurden durch den Honsellschen Buhnenbau allerdings noch verstärkt. Die Sohlenerosion nahm zu, die Wasserstände in der Aue fielen weiter ab, und die letzten Reste der alten Flußdynamik waren völlig ausgeräumt.

Der moderne Rheinausbau

Dieselkraft im Schiffsbetrieb

Nun war die gesamte Rheinstrecke von Basel bis zur Nordsee ganzjährig schiffbar – und das auch für Schiffe mit starkem Tiefgang und riesigen Gütermengen. 1935 begann der Dieselmotor die Dampfmaschine als Antrieb für die Rheinschiffe zu ersetzen, und heute befahren große Schubverbände mit bis zu vier (unterhalb von Mannheim bis zu sechs) „Europa-Leichtern" den Rhein: Ein solches Frachtschiff ist bis zu 76 Meter lang und elf Meter breit. Bei einer Ladung bis zu 2 800 Tonnen hat es einen Tiefgang von vier Metern. Der ganze Schubverband kann eine Länge von etwa 300 Metern und eine Gesamtkapazität von 11 200 Tonnen erreichen! Die Internationale Rheinflotte besteht heute aus 10 368 Einheiten (davon 1 392 Tanker) und einer Ladekapazität von insgesamt 10 202 630 Tonnen. Zahl und Größe sowie der effektive Antrieb der modernen Schiffe, die mit Radar ausgestattet nun Tag und Nacht fahren, erfordern jedoch immer neue Sicherungsmaßnahmen an der Fahrrinne – also weitere wasserbauliche Veränderungen.

Stromgewinnung am Rheinseitenkanal

Die Triebfeder des Wasserbaus ist seit Tullas Zeiten die Schiffahrt – und mit ihr haben sich Wirtschaft und Industrie entlang der Hauptschlagader Rhein entwickeln können. Die Belange der Land- und Forstwirtschaft sind dabei immer mehr in den Hintergrund getreten – von der Natur ganz zu schweigen. Mit dem rasanten industriellen Wachstum am Oberrhein mußten selbst mühsam trockengelegte Kulturflächen oftmals wieder weichen, denn auch als Industriestandort war die ebene Talaue bestens geeignet. Zumal sich neben der Schiffahrt dort auch ganz bequem Eisenbahntrassen und Autobahnen bauen ließen – die Infrastruktur also leicht zu erstellen war.

Seit Beginn des Industriezeitalters stieg auch der Energiebedarf stetig an. In den Versailler Verträgen (1919) war Frankreich das alleinige Nutzungsrecht für die Wasserkraft des Grenzflusses zuerkannt worden. So begann der moderne Rheinausbau 1928 mit den Arbeiten für den Rheinseitenkanal zwischen Basel und Breisach. Der 1959 fertiggestellte Betonkanal, der Grand Canal d'Alsace, dient der Großschiffahrt sowie der Energiegewinnung in vier Kraftwerken.

Schlingenlösung und Vollausbau

Von 1961 bis 1970 entstand die Verlängerung des Rheinseitenkanals bis Straßburg. Diesmal wurde durch den Bau von vier Kanalschlingen der Rhein zwischen Burkheim und Straßburg auf etwa der Hälfte seines Laufs hinter hohen Dämmen aufgestaut und dann über eine jeweils angelegte Kanalschlinge durch ein Kraftwerk und eine Schleusenanlage geführt.

Die Grundwasserabsenkungen des Tullaschen Rheins wurden durch den Bau des Rheinseitenkanals und der Schlingen so weit verstärkt, daß im Rhein zwischen Basel und Breisach nur eine geringe Wassermenge von durchschnittlich 30 Kubikmetern pro Sekunde an etwa 290 Tagen im Jahr verblieb. Die Abtrocknung der Aue verschärfte sich. Bis 1960 waren 46 Quadratkilometer Auenwald abgestorben. Bei weniger als 600 Millimeter Jahresniederschlag entwickelte sich auf den groben Kiesen und durchlässigen Sanden ein Trockenwald mit einzelnen Schwarz- und Silberpappeln, Stieleichen, Hainbuchen und Buschbeständen. Um 1960 wurden auf 35 Prozent der Fläche zwischen Grißheim und Hartheim monotone Kiefernforste angelegt.

Doch nicht nur die Aue litt, auch der rapide absinkende Flußwasserstand bereitete Kopfzerbrechen, denn die Schiffe sollten schließlich die Schleuseneinfahrten noch erreichen können. Um den Wasserspiegel wieder anzuheben, wurde eine neue Variante getestet – der Vollausbau. Das Ergebnis hat nur noch sehr entfernt Ähnlichkeit mit einem Fluß: Das Wasser darf kontrolliert – je nach Öffnungsgrad der Schieber im Wehr – von einer Stauhaltung in die nächste fließen. So bildet der Rhein heute nördlich von Straßburg hinter mächtigen Dämmen im alten Flußbett zwei große langgestreckte Stauseen mit den Kraftwerken Gambsheim (1974) und Iffezheim (1977). Spätestens mit diesem dritten Abschnitt des modernen Rheinausbaus hat der Wildstrom Rhein sich in eine vollkommen technisierte Kunstlandschaft verwandelt.

Staus als Fischbarriere und Wasservogel-Winterrastplatz

Im Laufe dieser 160jährigen Geschichte der Naturzerstörung – von 1817 bis zum vorerst letzten Akt im Jahre 1977 – hat sich die Auenlandschaft radikal verändert. Nur 40 Prozent der Auenflächen, die nach der Tullaschen Regulierung vorhanden waren, werden jetzt noch regelmäßig überschwemmt. Flußaufwärts der Staustufe Iffezheim findet ein Schwanken der Grundwasserstände praktisch nicht mehr statt. Mit dem modernen Rheinausbau verschwanden denn auch nahezu alle Brutplätze der offenen Stromaue wie Kiesinseln oder Sandbänke. Zwar wurden gleichzeitig viele der ausgedeichten Wasserarme miteinander verbunden, doch dieser Altrheinverbund war nur ein kläglicher Ersatz für den verlorengegangenen Flußlauf – er funktionierte auf Dauer auch nicht nach denselben Gesetzmäßigkeiten.

Für die Wanderfische stellen die Staustufen nahezu unüberwindbare Hindernisse dar. Selbst die mittlerweile künstlich angelegten Fischwege schafften bei zunehmender Verschmutzung des Wassers kaum Abhilfe. Viele Fischarten sind dort ausgestorben oder zumindest stark gefährdet. Die Verschlammung der ehemals vom Wasserstrom freigespülten Kiesböden im Staubereich hat viele Laichplätze unbrauchbar gemacht.

Nach der Rheinkorrektion waren viele offene Wasserflächen verschwunden. Die künstlichen Stauseen hinter den Wehren wurden allerdings von den

Zugvögeln und Wintergästen als neue Rast- und Liegeplätze angenommen – Tausende von Enten und Tauchern liegen dort in der kalten Jahreszeit auf dem Wasser. Die Stauflächen haben bezüglich der Zahl der überwinternden Wasservögel mittlerweile den Altrheinen sogar den Rang abgelaufen. Bis zu 20 000 Wasservögel zählten Ornithologen im Januar auf den Staustufen Gambsheim und Iffezheim. Durch Abwassereinleitungen und den Einfluß der Kraftwerke friert der Rhein heute auch in strengsten Frostperioden nicht mehr zu. Dieser erstaunliche Ausgleich für vorher angerichteten Schaden dürfte jedoch der einzige positive Effekt für die Tierwelt sein, den der moderne Rheinausbau bewirkt hat – für die meisten Kleinstlebewesen kann die Wassererwärmung den Tod bedeuten: Ihre Lebenszyklen aus Ruhe-, Wachstums- und Fortpflanzungsstadien werden nachhaltig gestört, oder die Organismen sterben ab, wenn sie mit dem Kühlwasserstrom direkt durch ein Kraftwerk treiben und dabei kurzzeitig stark erhitzt werden.

Die Staustufe bei Iffezheim. Stausee, Baggerseen, Dämme und Straßen haben zehn Quadratkilometer Rheinauenlandschaft zerstört. Erst flußabwärts von Iffezheim (am oberen Bildrand) sind noch Reste der naturnahen Rheinaue erkennbar.

Im Abendlicht wirken selbst die ausgebauten Rheinschlingen bei Greffern im Landkreis Rastatt malerisch. Links und rechts schimmern riesige Baggerseen, der Kiesabbau frißt immer größere Löcher in den Auenwald.

Beim Zollhafen Neuburgweier sind die Spuren, die Tulla und Honsell hinterlassen haben, deutlich sichtbar. Die Buhnen, die vom Ufer aus senkrecht zur Strommitte geschüttet wurden, schaffen bei Niedrigwasser eine zusammenhängende Fahrrinne.

Dauerstau verstopft die Poren

Der Stau bewirkte zwar anfänglich das Ansteigen des Grundwasserspiegels, doch der Effekt war nur von kurzer Dauer und vor allem räumlich sehr begrenzt. Weil die Flußwasserstände nicht mehr schwanken können, ist im Bereich der Stauwehre eine Einbahnstraße entstanden: Oberhalb der Sperrmauern drängt Grundwasser durch den Boden in das Hinterland – direkt unterhalb des Staus fließt es wieder in den Fluß zurück. Mittlerweile verstopfen Feinsedimente die Poren im Boden und machen ihn dadurch undurchlässig. Das Flußbett wird immer stärker abgedichtet und die Rheinwasserstände können sich nicht mehr direkt dem Grundwasser mitteilen.

Den miteinander verbundenen Altrheinen ergeht es ähnlich: Sie sind heute eher Abflußrinnen für das Oberflächenwasser, können aber den fehlenden Austausch mit dem Grundwasser nicht mehr herstellen. So ertrinken oberhalb der Wehre die Auenwälder in der ganzjährigen Überflutung, während sie nur wenig flußauf- oder -abwärts vertrocknen. Nur wenn sich die Fließrichtung des Grundwasserstroms von Zeit zu Zeit umkehrt, wird das zarte Porennetz immer wieder freigespült – im Dauerstau ohne Flußdynamik ist das jedoch nicht möglich.

Die Hochwasser steigen wieder

Mit den Auenstandorten verschwanden nicht nur die typische Flora und Fauna vom Oberrhein, sondern auch 60 Prozent oder 130 Quadratkilometer der ehemaligen Überschwemmungsflächen. In der ausgedehnten Auenlandschaft konnte sich das Hochwasser ausbreiten und verteilen – damit war eine gewisse natürliche Obergrenze gegeben. Diese Retentionsräume wurden dem Rhein im Laufe seiner „Bändigung" geraubt – nun zeigt der Strom, daß er sich noch nicht geschlagen gibt. Denn mit dem modernen Rheinausbau vergrößerte sich die Hochwassergefahr wieder in dramatischer Weise: Durch den Verlust der natürlichen Wasser-Rückhalteflächen im Bereich der Schlingen und Staustufen laufen Spitzenhochwasser inzwischen wieder bis zur selben Höhe auf wie vor der Tullaschen Rheinkorrektion.

Außerdem verläuft das Steigen und Fallen der Hochwasser im begradigten, kanalisierten Abfluß der Jungaue wesentlich schneller als im zerfaserten und mäandrierenden Wildfluß. Beim Ausufern in der ehemals kilometerbreiten Aue wurde das Hochwasser von der dichten Vegetation des Auenwaldes abgebremst – die weiten Niederungsbereiche waren von einem träge dahinfließenden Wasserteppich erfüllt. So brauchte die Hochwasserwelle vor der Korrektion von Basel bis Mannheim vier bis fünf Tage, heute legt sie die 250 Kilometer in drei Tagen zurück. Hochwasser, die nach statistischen Berechnungen aus dem Jahre 1955 nur alle 200 Jahre auftreten sollten, werden heute bereits alle 50 Jahre erwartet.

Betroffen sind vor allem die Anlieger flußabwärts der letzten Staustufe Iffezheim: Die Überschwemmungen der Jahre 1978, 1983, 1987 und 1988 gefährdeten sowohl den Karlsruher Hafen, der in jüngster Zeit durch ein gewaltiges Hochwasserwehr geschützt wird, als auch die riesigen Produktionsstätten des Chemie-Konzerns BASF in Ludwigshafen – und nicht zuletzt die Kölner Altstadt. Von elf Hochwassern, die seit 1880 über acht Meter Pegelstand in Maxau erreichten, lagen sieben im Zeitraum von 1977 bis heute.

Buhnen und Geschiebezugabe statt weiterer Staustufen

Diese Veränderungen im Abflußverhalten des Flusses brachten den vorläufigen Verzicht auf die geplanten Staustufen Au-Neuenburg, Germersheim und Worms. Der Bau des Wehrs zwischen Rastatt und Karlsruhe war für 1981 geplant – sogar die Murgmündung hätte dann um 15 Kilometer verlegt werden müssen. Statt dessen wurden auf Druck der Schiffahrt Buhnen und Leitwerke erhöht, um in der Fahrrinne, die bei Niedrigwasser etwa 80 bis 100 Meter breit und zwei bis zweieinhalb Meter tief ist, noch mehr Wasser unter dem Kiel zu haben.

Die weiteren Staustufenplanungen sind zwar offiziell vom Tisch – doch gibt es immer wieder Bestrebungen, die Diskussion erneut anzufachen. So wirbt das Badenwerk, das die Energie der Staustufe Iffezheim nutzt, mit dem ökologisch unbedenklichen Strom aus Wasserkraft und hat weiterhin größtes Interesse am Staustufenbau. Die Stauwehre bieten für das Badenwerk zudem eine preiswerte Art der Erschließung, denn der Wasserbau wird aus der Staatskasse finanziert.

Vorerst werden bei Rastatt jährlich 170 000 Kubikmeter Kies in den Rhein geschüttet, um die rasante Eintiefung des Flusses zu verhindern – eine Art Ablenkungsmanöver. Statt von der Fluß-

sohle Material zu erodieren und abzutransportieren, beschäftigt sich der Rhein mit der Geschiebezugabe, die im vorgeworfen wird. Die Kiesmenge entspricht dabei der Menge an Bodenmaterial, die der begradigte Rhein mit seiner erhöhten Fließgeschwindigkeit und starkem Gefälle sonst „fressen" würde. Sie entspricht außerdem vier Prozent der jährlichen Kiesförderung im Regierungsbezirk Karlsruhe – aber nur einem Prozent des Kiesbedarfs für den Bau einer einzigen Staustufe!

Die Sohlenerosion wird noch zusätzlich durch die modernen Antriebssysteme der Schiffe verstärkt. Als Alternative zur Geschiebezugabe wird seit Jahren schon die Sohlenpanzerung diskutiert. Das Ergebnis wäre dann allerdings kaum mehr von einer Betonrinne zu unterscheiden.

Das Niedrigwasser gibt den Blick auf die Buhnen frei. Im Hintergrund die Rheinbrücke bei Maxau.

98 PROZENT ZERSTÖRT – DIE OBERRHEINAUEN HEUTE

Strukturwandel und ökologische Folgen

Der Rheinausbau hat riesige Schneisen in den Auenwald geschlagen und den ehemals vielfältigen Lebensraum nachhaltig geschädigt – Flußdynamik und Wasserhaushalt wurden bis zur Unkenntlichkeit totreguliert, um den Rhein zu einer sicheren Schiffahrtsstraße zu machen. Gleichzeitig gab es in unserem Jahrhundert – vornehmlich in den vergangenen Jahrzehnten der Wirtschafts-Wunder-Zeit – allerdings noch eine ganze Reihe von anderen Eingriffen in den Naturhaushalt, die mit Flächenverbrauch und Umweltverschmutzung den Auen fast gänzlich den Garaus machten.

Kiesabbau, Industrialisierung und Straßenbau bereiten neben Forst- und Landwirtschaft auch heute noch größte Probleme für den Auenschutz; Naherholung und Freizeitdruck sind erst in neuerer Zeit hinzugekommen. Höchstens ein bis zwei Prozent der ursprünglichen Auenlandschaft haben ihren urwüchsigen Charakter bewahrt und sind zumindest „naturnah" geblieben – die restlichen noch bestehenden Überflutungsflächen sind großteils aufgeforstet oder so übernutzt, daß sie für Auenpflanzen und -tiere weitgehend wertlos geworden sind.

Die Grüne Revolution

Noch nach dem Ende des Zweiten Weltkriegs erstreckten sich im Oberrheingebiet weite Wiesenflächen. Erst die „grüne Revolution" löste mit Kunstdünger und Großmaschinen das traditionelle Grünland ab. Von 1935 bis heute gingen alleine in der nordbadischen Rheinniederung 71 Prozent der Wiesenflächen, das sind rund 55 Quadratkilometer, verloren. Zahlreiche typische Pflanzenarten verschwanden, und auch den Vogelarten, Großschmetterlingen oder Wildbienen, die an diese Form der Kulturlandschaft angepaßt waren, fehlen nun die Lebensräume. Öde, europa-einheitliche Maisäcker sind an die Stelle der Wiesen getreten, und Düngemittel sowie Pflanzenschutzmittel (Gifte) werden in großen Mengen ausgebracht. Sie gelangen rasch ins Grundwasser und beeinträchtigen die Trinkwasserqualität. Außerdem werden im Überflutungsbereich aus den nackten Ackerböden pro Hektar jährlich mittlerweile bis zu 50 Tonnen Feinerde ausgespült. Diese organische Schwebstoff-Fracht belastet das Ökosystem Rhein zunehmend.

Siegeszug der Hybridpappel

Mit der industriellen Revolution verringerte sich die Bedeutung des Brennholzes, denn die Kohle wurde zunächst zur wichtigsten neuen Energiequelle. Von der Forstwirtschaft wurde jetzt Nutz- und Stammholz gefordert, das dank neuer Transportmöglichkeiten per Eisenbahn (ab 1840) oder auf dem begradigten Rhein abtransportiert werden konnte. Die bäuerliche Waldbewirtschaftung wurde aufgegeben –

Der Blick nach Norden über die Staustufe Straßburg ist typisch für die moderne Rheinlandschaft nach dem Vollausbau: Linkerhand erstreckt sich neben dem Schiffshebewerk die Müllverbrennungsanlage Straßburg, rechts mündet der Ausfluß des Hochwasserpolders Altenheim.

durch die Bevölkerungszunahme waren die Niederwälder und oberholzarmen Mittelwälder ohnehin stark übernutzt.

Die ehemaligen Mittelwälder der Hartholzaue wurden durch Hochwälder ersetzt: Hier sollte Stamm- und Wertholz produziert werden. Es wurde mit Eschen und Pappeln aufgeforstet, wobei die Wahl der Baumarten und Verjüngungsmethoden mehr und mehr vom europäischen Holzmarkt und dem jeweiligen Gemeindehaushalt bestimmt wurde. Raschwüchsige, billige Holzarten, die außerdem Hochwasser vertragen und sehr gerade wachsen wie Pappeln und Bergahorn, wurden bevorzugt angebaut.

Der Siegeszug der Wirtschaftspappel (eine Kreuzung der einheimischen Schwarzpappel mit amerikanischen Pappelarten) und der amerikanischen Balsampappel hielt bis vor wenigen Jahren an. Ihre Vorteile liegen vor allem in den geringen Kulturkosten: etwa 5 000 Mark pro Hektar. Und bei Durchforstungen fällt schon nach 20 Jahren zum ersten Mal ein Ertrag an. Auch die Holzernte ist sehr früh fällig – im Alter von 50 bis 60 Jahren. Das leichte und sehr elastische Holz wird hauptsächlich zu Obstkisten verarbeitet. Dagegen kommt die Stieleiche, die im Mittelwald als Oberholz weit verbreitet war, nicht an. Bei ihr liegen die Kulturkosten mit etwa 20 000 Mark pro Hektar Kulturfläche vier Mal so hoch, und es dauert 140 Jahre, bis zum ersten Mal Bäume geschlagen werden können. Die Stieleiche findet sich deshalb heute nur noch auf knapp einem Fünftel der Waldflächen.

Im Forstbezirk Rastatt nehmen Pappelpflanzungen mittlerweile knapp drei Viertel der noch überfluteten Rheinaue ein. Von 1977 bis 1984 wurden in den Forstbezirken Bühl und Rastatt sogar noch über zwei Quadratkilometer naturnahen Waldes kahlgeschlagen. Ein Viertel dieser Fläche wurde mit Pappeln, der Rest mit Ahornkulturen, Roteiche und Douglasie aufgeforstet. Einheimische und auentypische, forstlich aber unbedeutende Baumarten wie Silberpappel, Graupappel, einheimische Schwarzpappel, Flatterulme, Feldahorn und Grauerle kommen nur noch vereinzelt vor.

Anstelle des strukturreichen Hartholzauenwaldes mit seinen über 50 Baum- und Gebüscharten sind monotone „Pappelplantagen" und einseitige Bergahorn- und Eschenkulturen entstanden. Teilweise werden sie auch heute noch als forstliche Pionierleistung gepriesen – die ökologische Bilanz sieht allerdings eher düster aus: Nur 20 von 40 Brutvogelarten der naturnahen Auenwälder sind in den Pappel-Forsten zu finden. Ihre Brutdichte ist außerdem nur halb so groß. Bietet der Hartholzauenwald auf einer zehn Hektar großen Fläche über 160 Vogelpaaren Heimat, so schrumpft ihre Zahl in den Hybrid-Pappel-Forsten auf etwa 60 Paare. Besonders kraß ist der Verlust der ehemals auenwaldtypischen Arten, vor allem der höhlenbewohnenden Vögel wie Weidenmeise, Kleinspecht und Mittelspecht – sie sind auf morsche Bäume angewiesen, die im modernen Wirtschaftswald keinerlei Daseinsberechtigung haben.

Noch drastischer wirkt sich der Verlust vieler Gehölzarten bei den Insekten aus. Die Eiche ist die wichtigste Fraßpflanze waldbewohnender Schmetterlinge: 29 Großschmetterlingsarten leben ausschließlich von der einheimischen Stieleiche, 105 Arten naschen ab und zu an ihr. Hinzu kommen Großinsekten wie Hirschkäfer und Heldbockkäfer, die ihre mehrjährige Larvenzeit im Eichenholz verbringen.

Selbst in Zeiten des gewachsenen Naturschutzbewußtseins haben die Auenorganismen im Konkurrenzkampf um ihren Lebensraum äußerst schlechte Karten, denn die Flußauen haben für die Forstwirtschaft größte wirtschaftliche Bedeutung. Die Holz-Plantagen profitieren ebenso von der natürlichen Nährstoffzufuhr und den guten Wachstumsbedingungen wie die urwüchsigen Auenwälder: Im Durchschnitt wachsen in der Weichholzaue dreizehn Kubikmeter Holz pro Jahr und Hektar heran – das sind bis zu zweieinhalb Kubikmeter Holz mehr als auf benachbarten, nicht überschwemmten Flächen. Andere sommerwarme Standorte, wie etwa die Vorbergzone der Ortenau, sind zu trocken, um solche Biomasse hervorzubringen, und typische Feuchtgebiete wie Niedermoore und Sümpfe haben ein zu kühles Klima oder ungünstige Bodeneigenschaften.

Industrie in der Aue

Heute werden zunehmend Land- und Forstwirtschaft ihrerseits wieder aus dem Flußtal verdrängt, denn der Oberrheingraben ist ein günstiger Platz für Industrieansiedlungen: Er ist eben, liegt an der Verkehrsader Rhein, den Baustoff Kies gibt es in Hülle und Fülle, auch Brauch- und Kühlwasser fließen direkt vor der Fabrikhalle vorbei. Zudem dient der Fluß als Vorfluter, was vor allem für die chemisch-pharmazeutische Industrie mit ihren riesigen Abwassermengen wichtig ist. So entstanden erste Industrieansiedlungen in der

Rheinniederung schon im ausgehenden 18. Jahrhundert bei Basel und Ludwigshafen – und der Standort wird immer attraktiver.

Viele Anstöße zur Industrialisierung des Oberrheingebietes gingen von Karlsruhe und seiner Technischen Hochschule aus. Die Stadt selbst stellte ihre gesamten Überschwemmungsflächen – knapp zehn Quadratkilometer Rheinauenlandschaft – für den Bau des Karlsruher Rheinhafens, des nördlich davon gelegenen Zellstoffwerkes und der benachbarten Ölraffinerien zur Verfügung. Auf der gegenüberliegenden Rheinseite entstand ein großes Treibstofflager der Mobil Oil. Auch bei Breisach und Kehl wurden große rheinnahe Industriegebiete ausgewiesen. Ab 1960 stellten die großen Industrieansiedlungen erdölverarbeitende Raffinerien, Treibstofflager und Umschlagsplätze für Chemikalien aller Art dar.

Auf der französischen Seite war die Entscheidung für eine konsequente industrielle Entwicklung mit dem Bau des Rheinseitenkanals schon etwas früher gefallen als auf der rechtsrheini-

Während der 60er Jahre wurden bei Karlsruhe vier Quadratkilometer Auenwald für Industrieansiedlungen gerodet.

schen deutschen Seite. In Lauterburg und Beinheim wurden kleinere Chemiewerke aufgebaut. Rund um Straßburg finden sich bis in 20 Kilometern Entfernung Raffinerien, Chemiefabriken und eine Müllverbrennungsanlage. Bei Marckolsheim, gegenüber von Wyhl, sollte in den 60er Jahren eine Bleifabrik entstehen, deren Bau von einer badisch-elsässischen Bürgerinitiative verhindert werden konnte – ebenso wie das anschließend geplante Kernkraftwerk bei Wyhl. Heute ist statt des Bleiwerks ein Auslieferungslager von Citroën entstanden, und direkt nebenan wurde das Gelände für eine Zitronensäure-Fabrik gerodet. Auch im Trockengebiet südlich von Neuf Brisach haben sich entlang des Grand Canal d'Alsace viele Firmen und das Kernkraftwerk Fessenheim angesiedelt.

Seit den 80er Jahren ist die Automobilindustrie im Vormarsch auf die Auenstandorte. In Wörth am Rhein – gegenüber von Karlsruhe – wurde schon 1970 die größte Lkw-Fabrik Europas eröffnet – vom Baden-Württembergischen Parade-Zugpferd Daimler-Benz. Hierfür wurden bis heute 1,6 Quadratkilometer Rheinauenlandschaft beansprucht. 1985 begann der Bau eines zentralen Ersatzteillagers auf der nördlich davon gelegenen Insel „Grün" und 1989 der Bau des knapp zwei Quadratkilometer großen Pkw-Werkes in der Rastatter Rheinniederung.

Das umstrittene und heftig bekämpfte Rastatter Werk wurde damals noch ohne Umweltverträglichkeitsprüfung genehmigt. Immerhin wurden nach langwierigen Verhandlungen 120 Millionen Mark als „Schadensersatz-Zahlung" vereinbart. Daraus sollen ersatzweise Naturschutz-Projekte und -Organisationen unterstützt werden – ein Ausgleich an Ort und Stelle ist ohnehin nicht möglich. Während am 25. Mai 1992 der erste Pkw vom Band rollte, waren die Naturschützer mit dem Erreichten nicht zufrieden. Obwohl seit 1989 schon 30 Hektar Auenwald gerodet und 100 000 Tonnen Kies auf dem Werksgelände aufgeschüttet wurden, um es trocken zu legen, führt der „Rastatter Kompromiß" noch ein sehr geruhsames Leben als Papiertiger, und die anvisierten Projekte des Landes Baden-Wüttemberg lassen auf sich warten. Der Konzern hat derweil mehrere kleinere Naturschutzmaßnahmen durchgeführt – und gibt sich seit Beginn der Bauarbeiten mit dem Slogan „für den Stern, auf dem wir leben" ganz umweltbewußt.

Sämtliche Industriezweige nehmen nicht nur große Auenflächen in Beschlag, sie leiten auch allesamt ihre Abwässer in den Rhein. Hochgiftige Stoffe, organische und künstliche Verbindungen gelangten bis vor 20 Jahren völlig ungeklärt in den Fluß, was ihn an den Rand des ökologischen Kollapses brachte. Nach dem Zweiten Weltkrieg brachen die Bestände der Wanderfische vollends zusammen. Äschen, Forellen, Barben und Hechte verschwanden aus weiten Bereichen des Oberrheins. Zu den widerstandsfähigen Hauptfischarten im Rhein entwickelten sich Aal und Brachse.

Bis in die späten 60er Jahre verfügten die meisten Rheinanliegergemeinden sogar noch über einen öffentlichen Badestrand, doch nachdem die Wasserqualität ständig schlechter wurde – Schwimmer trugen häufig nach dem Baden einen schwarzen Ölring um den Hals – wurde dieses zweifelhafte Vergnügen aufgegeben.

Der Bau von Kläranlagen half zwar, die biologische Wasserqualität des Rheins in den letzten 20 Jahren wieder merklich zu verbessern. Trotzdem bleibt der Oberrhein mäßig belastet (Stufe II), unterhalb von Mannheim nach wie vor kritisch belastet (Stufe III). Weiterhin, und dagegen sind Kläranlagen machtlos, leiten Anliegerindustrien hochgiftige, künstliche Verbindungen in den Rhein. Einen ganz neuen Weg des aktiven Umweltschutzes hat jetzt die Stadt Rotterdam beschritten: An einer der Meeresmündungen des Rheins gelegen, muß sie jährlich tonnenweise Rheinschlamm aus den Hafenbecken baggern – und der ist so stark mit Schwermetallen und hochgiftigen organischen Verbindungen belastet, daß er auf die Sondermülldeponie gekarrt werden muß. Mittels Gewässeranalysen wurde nach den Hauptverursachern gefahndet, die zur Kasse gebeten wurden: Rotterdam klagte Schadenersatzforderungen in immenser Höhe ein. 1991 kam es dann zu einem Vertrag mit dem Verband der Chemischen Industrie, die sich verpflichtete, die Einleitung von Schwermetallen zu verringern.

Ein noch nicht abschätzbares Gefahrenpotential lauert mitten in der Aue, denn selbst an äußerst hochwassergefährdeten Orten sind Giftmüll-Lager entstanden. So unterhält die Firma BASF auf der Insel Flotzgrün bei Speyer eine eigene Mülldeponie. Die südliche Hälfte der Rheininsel in der ausgedeichten Mäanderschlinge steht unter Naturschutz. Seit der Sandoz-Katastrophe am 1. November 1986 hat man eine sehr konkrete Vorstellung von den Folgen möglicher Chemie-Unfälle: Damals waren 1350 Tonnen Agrochemikalien – hochgiftige Quecksilberverbindungen – oberhalb von Basel verbrannt und großteils mit dem Löschwasser in den Rhein gelangt. Nur vier Stunden zuvor waren schon 400 Kilogramm des hochwirksamen Pestizids Atrazin beim Basler Hersteller Ciba-Geigy entwichen, 20 Tage später noch einmal drei Tonnen Chemikalien bei BASF. Ein ökologischer Super-Gau, der international höchste Alarmstimmung auslöste. Vor allem machte dieser Unfall überdeutlich, wie schmal der Grat zwischen industriellem Spitzenwachstum und Selbstmord geworden ist. Denn es setzte nicht nur ein Fischsterben größten Ausmaßes am Oberrhein ein, auch die Trinkwasserversorgung der Rheinanlieger war in höchstem Maße bedroht: Allein zwischen Basel und der niederländischen Grenze sind fünfeinhalb Millionen Menschen darauf angewiesen!

Trotz offensichtlicher Probleme, die mit neuen Industrieansiedlungen verbunden sind, ist der Fortschrittsglaube weiterhin vielfach ungebrochen – man verspricht sich den lang ersehnten „Entwicklungsschub", der aus anderen Regionen hinreichend bekannt ist: Zuzug von Zulieferfirmen und Arbeitskräften, die neuen Wohnraum beanspruchen, Ausbau und Verdichtung des Straßennetzes, der Freizeitzentren und Versorgungsanlagen. Ein mehr oder weniger unkontrollierter Wachstumsprozeß bedrängt die letzten naturnahen Freiräume. Statt des grünen Auenwaldbandes wird bald ein dichtes Siedlungsband den Rhein begleiten.

Autobahnen und Schnellbahntrassen

Ohne Infrastruktur kein Wachstum – und umgekehrt. Seit die Region boomt, wird auch das Straßennetz immer dichter. Neben dem Aus- und Neubau von Ortsumgehungen, lokalen Landes- und Kreisstraßen, mehreren Bundesstraßen und der Autobahn A 5 Basel-Frankfurt soll eine neue Autobahnquerspange zwischen Karlsruhe und Rastatt die rechtsrheinische A 5 mit dem linksrheinischen Straßennetz verbinden. Damit würde das letzte geschlossene Auenwaldgebiet durchschnitten.

Im Oberrheingebiet werden aber auch neue Verkehrswege konzipiert: Europa soll enger zusammenwachsen. Im Dreiländereck haben die Schweiz, Frankreich und Deutschland die Chance des intensiven West-Ost-Austausches schon erkannt. So sollte das Schienennetz, der französische Train à Grande Vitesse (TGV) mit der deutschen Schnellbahntrasse zwischen Straßburg und Baden-Baden auf dem direkten Weg quer durch die größten Auenwaldgebiete bei Offendorf und Lichtenau verbunden werden. Dabei wären auf beiden Rheinseiten zwei jüngst entstandene Naturschutzgebiete durchquert worden. Nach massiven Protesten und Einwänden wurde die Strecke jetzt wesentlich weiter südlich auf die schon bestehende Trasse Appenweier-Kehl gelegt.

Besonders gravierend sind die ökologischen Einschnitte sämtlicher Schienen- und Straßenwege, die direkt im Überflutungsbereich gebaut werden. Sie müssen über Geländeniveau liegen, stauen Wasser auf und verändern die Fließdynamik vollständig. Die Wiederherstellung eines Wechsels von Überflutung und Trockenfallen sowie das Steigen und Sinken der Grundwasserstände wird dadurch unmöglich, und das Mikroklima verändert sich.

Auch die militärische Infrastruktur spielt am Oberrhein weiterhin eine wichtige Rolle – selbst nachdem sich die weltpolitische Lage verändert hat. Zwar verlassen die kanadischen Einheiten das Gebiet, doch die Rheinschiene wird weiterhin unverdrossen zur Verteidigungs- und Rückzugslinie der NATO ausgebaut: Mit Munitionsdepots, Öl- und Gaspipelines, Flugplätzen, Straßen für militärische Zwecke, Ersatzübergängen über den Rhein mit Wendeplatten und Zufahrtswegen sowie Tiefflug- und Luftkampfübungsgebieten – direkt über Ballungszentren, brisanten technischen Anlagen und Naturschutzgebieten.

Rheingold in Kieselform

Auch der Kiesabbau ist in der Oberrheinebene zu einem lukrativen Geschäft geworden. Die alpinen Schotter, die hier während und nach den Eiszeiten reichlichst abgelagert wurden, stellen das moderne „Rheingold" dar. Bis in die fünfziger Jahre gab es in jeder Gemeinde eine kleine Kiesabbaustelle, wo mit Schaufeln oder kleinen Baggern Kies und Sand auf Fuhrwerke verladen wurde, um den gemeindeeigenen Bedarf zu decken. Die so ausgebeuteten Flächen waren im Vergleich zu den heutigen Kiesgruben winzig. Erst mit dem Nachkriegs-Bauboom entstanden in den 60er Jahren in rascher Folge die heutigen Großkiesgruben mit Naß- und Tiefbaggerung. Während der Zeit niedriger Holz- und Heizölpreise war mit dem Auenwald zudem kein großes Geld zu machen, und so verkauften oder verpachteten viele Gemeinden ihren Auenwald an Kies-Unternehmen, um ihre Einkünfte aufzubessern. Die Wasserbehörden erteilten großzügige

Schürfrechte, und innerhalb von nur zwei Jahrzehnten verwandelten sich die Auen am Oberrhein in eine „Schweizerkäse-Landschaft": Aus der Vogelperspektive wirkt sie völlig durchlöchert.

Die Abbauflächen wuchsen in der nordbadischen Aue seit 1956 auf das Sechsfache oder insgesamt 17 Quadratkilometer an, das sind 10 Prozent der gesamten nordbadischen Rheinniederung. Einzelne Gemeinden wie Illingen im Landkreis Rastatt haben bereits über 25 Prozent ihrer Gemarkungsfläche an den Kiesabbau verloren. Ein Ende des Flächenverbrauchs ist, trotz wachsender Kritik, derzeit nicht abzusehen. Aktueller Streitfall ist die Innenrhein-Mündung bei Kappel im nördlichen Teil des bekannten „Taubergießen"-Naturschutzgebiets.

Neue Wasserflächen – abgrundtief

Weil die Baggerseen große offene Wasserflächen bilden, ist die Verdunstungsrate sehr hoch, außerdem ist das Grundwasser vielfältigen Verschmutzungen ausgesetzt. So regnen im Laufe eines Jahres allein drei Tonnen Stickstoff in Form von Nitrat auf einen Quadratkilometer Wasserfläche ab. Zu einem Problem entwickelt sich auch die Folgenutzung der entstandenen Baggerseen – immerhin eine Gesamtoberfläche von 30 Quadratkilometern. Die unnatürlichen Grundwasserseen sind bis zu 60 Meter tief – Wassertiefen unterhalb der Zehn-Meter-Marke werden jedoch von Lebewesen praktisch nicht besiedelt. Zudem fallen die Ufer extrem steil ab – bieten also für die wenigsten Tiere Nahrungsgründe oder Brutbiotope.

Auch die zahlreichen Insektenarten, die auf Entwicklungsphasen im Wasser angewiesen sind, wie Libellen oder Eintagsfliegen, finden hier nur sehr begrenzt Ersatzbiotope für ihren zerstörten Lebensraum. Nur Eisvogel und Uferschwalbe haben sich mit den Steilabbrüchen angefreundet, und der Flußregenpfeifer ist heute sogar schon auf die Abraumhalden des Kiesabbaus angewiesen. Sein natürliches Habitat, die Kiesinseln der offenen Stromaue, ist fast restlos verschwunden. So sind die neu geschaffenen Seen für die meisten Tiere und Pflanzen kein Gewinn, auf Menschen haben sie jedoch eine magnetische Anziehungskraft.

Naherholung und Freizeitdruck

Die Rheinauenlandschaft ist ein Naturraum, der Menschen Entspannung und Erholung bieten kann – und naturnahe Erholungsgebiete liegen im Trend. So quält sich an den Wochenenden eine wahre Besucherflut in die Rheinauen – bepackt mit Gerätschaften und Ausrüstungsgegenständen einer immer perfekteren Freizeitgestaltung. Kaum ein Baggersee, der an einem schönen Sonntag im Sommerhalbjahr nicht von Erholungsuchenden belagert wird. An Zufahrtsstraßen, Waldwegen und direkt am Gewässer parken Hunderte von Autos, und zahlreiche Wege und Trampelpfade führen durch den Auenwald zum Gewässer. Hier lagern und lärmen die Menschen an den Ufern, baden, tauchen, surfen, segeln, angeln, zelten, campen und grillen. Sie hinterlassen niedergedrückte Vegetation, Glasscherben, leere Flaschen, Holzkohlenreste und Müll. Per Kanu oder Paddelboot werden auch die letzten versteckten Winkel erkundet, die sich wegen des undurchdringlichen Urwald-Dickichts auf dem Landwege nicht erreichen lassen – Wochenend-Wildnis pur!

Neben den inoffiziellen, geduldeten Freizeitseen entstehen auch mehr und mehr reguläre Campingplätze und Freizeitparks. Hier bieten umfangreiche Anlagen bis zu 500 Stellplätze und an den Wochenenden organisierten Freizeitspaß für mehrere tausend Menschen. Weil die Zielgruppe jedoch eine ganz andere ist als die Besucher der „wilden" Baggerseen, entlasten diese Einrichtungen nicht die Restnatur, sondern stellen eher einen zusätzlichen Störfaktor dar.

Sportfischer flüchten sich an die Baggerseen, wenn sie in den vom Fluß abgetrennten Altarmen keine Fische mehr fangen. Mit dem Niedergang der Berufsfischerei aufgrund der Tullaschen Rheinkorrektion und ihrer Folgen übernahmen die Sportangelvereine die Hege und Nutzung der oberrheinischen Fischbestände. Allerdings konzentrieren sich Nachzucht, Fischeinsatz und Nutzung auf verwertbare Edelfische wie Hecht, Zander, Barsch, Schleie, Karpfen und Aal. Die typischen Fische der Aue – die Kleinfische und Weißfische – sind als „Fischunkraut" nicht gefragt.

Die Zeiten, in denen sich das Angeln auf örtliche, gemeindeeigene Sportangler beschränkte, sind mittlerweile vorbei. Angeln wurde zum „Volkssport" und hat nur noch sehr begrenzt etwas mit Naturerlebnis oder Gaumenfreuden zu tun. So wirbt der Angel-Sport-Verein Rastatt mit seinen rund zehn Quadratkilometer großen Fischgewässern in internationalen Sportfischerzeitschriften um Gäste. Bei

Wohngebiete wie hier bei Neuburgweier fressen sich in die Landschaft.

einer traditionellen Wettangel-Veranstaltung im Landkreis Rastatt wurden 1989 die Fische hinterher zentnerweise im Auenwald vergraben.

Am mittleren Oberrhein im Bereich von Freistett und Greffern ist auch die Jagd zu trauriger Berühmtheit gelangt. In zwei Jagdrevieren kommt es jedes Jahr zum Massenabschuß von Stockenten und Bläßrallen, die zuvor mit abgekipptem Brot und Getreide angefüttert wurden. Dabei ist es weder möglich, zwischen geschützten und ungeschützten Entenarten zu unterscheiden, noch die „angebleiten" Enten zu töten, die dann infolge ihrer Schußverletzungen verenden. Außerdem finden sich anschließend im Bereich dieser „Schlachtfelder" Hunderte von Bleischrotkugeln pro Quadratmeter Flachwasserzone. Sie werden von gründelnden Enten aufgenommen und im Muskelmagen der Tiere mit der Nahrung zerrieben. An solchen Bleivergiftungen sterben weitere ungezählte Enten – geschützte und „jagdbare".

Zwar ist das Interesse für Natur, ökologische Zusammenhänge und Umweltschutz seit den 70er Jahren stark angewachsen – doch auch diese positive Entwicklung birgt ihre Schattenseiten. Wenn naturbegeisterte Menschen die Rest-Biotope überfluten, ergeben sich ganz neue Probleme für die Auenlandschaft. Ansätze einer gezielten Besucherlenkung mit umfassenden Informationsmöglichkeiten gibt es erst in wenigen Naturschutzgebieten wie der Rastatter Rheinaue und auf der Reißinsel bei Mannheim.

All diese Freizeitaktivitäten behindern sich inzwischen gegenseitig – sie zerstören die Naturräume mitsamt dem Erholungs- und Erlebniswert, den sie eigentlich suchen. Deshalb bietet selbst der Naherholungs-Rummel paradoxerweise eine Chance für die Natur: Solange die Menschen Interesse an der arten- und strukturreichen, wilden Landschaft haben, werden sie dem Naturschutz nicht gänzlich ablehnend gegenüber stehen.

Insektenbekämpfung

Bei aller Liebe zur Natur – die Rheinschnaken haben immer noch keine Freunde gefunden. In Vor-Tullaschen Zeiten stellten sie eine echte Bedrohung für die Gesundheit dar, denn die Anopheles-Mücken übertrugen das Wechselfieber (Malaria), das von tierischen Einzellern hervorgerufen wird. Heute gibt es zwar in den Rheinauen noch die Anopheles-Mücke, die etwa ein Prozent der Schnakenschwärme ausmacht, doch die Krankheit ist gebannt. Neuerliche lokale Malaria-Epidemien sind nur aus der Nachkriegszeit bekannt, als heimkehrende Kriegsgefangene die Malaria wieder aus dem Kaukasus einschleppten. Sie waren infiziert und brachten die Erreger mit, die dann von der Mücke weitergetragen wurden. Ohne solch ein Reservoir an Erregern kann Anopheles im malariafreien Mitteleuropa allerdings auch die Seuche nicht verbreiten. Weil die Rheinschnaken – auch die restlichen 99 Prozent – dennoch lästig sind, werden sie heute mit modernsten biologischen Waffen bekämpft. Die Rheinanlieger schlossen sich zu einer Schnakenbekämpfungs - Gemeinschaft zusammen: Brutstätten wie Tümpel oder Pfützen wurden erfaßt. Erste Versuche, der Stechmücken-Plage mit Hilfe eines biologisch abbaubaren Fettfilms Herr zu werden, schlugen fehl, obwohl Gemeinde- und Forstarbeiter, Schüler und Arbeitslose mehrere Sommer lang fleißig das Liparol ausbrachten. Es sollte die Atemrüssel der älteren Larvenstadien verstopfen und die Entwicklung stechfähiger Alttiere verhindern. Heute werden die Pfützen mit einem Erreger geimpft – einem mückenspezifischen Mikroorganismus, dem *Bacillus thuringensis israelensis* (BTI). In wässriger Lösung ausgebracht, befällt er die im Wasser lebenden Schnakenlarven und bringt den größten Teil der Brut zum Absterben. Ein einziges Bierglas (0,3 Liter) BTI-Lösung reicht für einen Hektar Wasserfläche. Die Schnaken sind seitdem deutlich weniger geworden.

Allerdings ist nicht genau bekannt, wie spezifisch BTI nun wirkt – ob der Bazillus wirklich nur die Stechmücken vernichtet oder auch viele andere Mücken- und Fliegenarten – es mehren sich Hinweise für letzteres. All diese Larven, ob stechend oder nicht, sind aber wichtige Nahrungsorganismen für

Mosaikartig grenzen in der Auenlandschaft verschiedenste Lebensbereiche aneinander. Jeden Standort – vom flachen Tümpel bis zum reißenden Fluß, vom sonnenbeschienenen Uferwall bis zum schatti-

gen Waldboden – haben Pflanzen und Tiere erobert. Auentümpel sind Brutstätten der Rheinschnaken – und die Kinderstube der Rheinfische.

Fische. Auch Schwalben sammeln die frisch geschlüpften Schnaken zu Tausenden ab. Andererseits haben sich dort, wo Altarme vom Rheinwasser abgeschnitten wurden und die Fische als natürliche Schnakenvertilger ausgesperrt sind, die Stecher seit der Begradigung auch wieder vermehrt. Mit ihrer lästigen Angewohnheit, Blut zu saugen und juckende Stiche zu hinterlassen, erfüllen sie als Auen-Schreck aber auch eine wichtige Aufgabe im Naturschutz, wie ein Illinger Fischer feststellte: „Je mehr Schnaken, desto weniger Städter in der Aue."

Auch ein kultureller Verlust: Auentypische Berufe sterben aus

Die gewaltigen Umgestaltungen am Oberrhein veränderten nicht nur die Auenlandschaft mit ihrer Tier- und Pflanzenwelt, sondern auch das Leben der Menschen – Berufszweige, die über Jahrhunderte die Dorfkultur der Rheinanliegergemeinden geprägt hatten, gingen unter. Das Fähren war ehemals eine wichtige Erwerbsquelle gewesen, ebenso bedeutend war der Fischfang. Unvorstellbar, daß noch vor 40 Jahren Lachse im südlichen Oberrhein schwammen. Neben Land- und Forstwirtschaft gab es eine große Zahl von auentypischen Berufen, die entweder mit den Bodenschätzen und Rohstoffen des Rheintales zusammenhingen oder mit den Naturprodukten, die die Aue lieferte. Gegen industrielle Produktionsmethoden und synthetische Werkstoffe konnten sie sich allerdings nicht durchsetzen.

Rheinfischer

Die Haupteinnahmequelle vieler Rheinorte war vor der Flußkorrektion der Fischfang. Ehemals war der wichtigste Nutzfisch der Lachs, der am Oberrhein auch Salm genannt wird. Dort, wo er gerne in Ufernähe an seichten kiesigen Flußstellen stand, erinnern heute nur noch Flurbezeichnungen wie „Salmengrund" an den Wanderfisch, der mit verschiedensten Fangvorrichtungen, meist Hebe- und Gabelnetzen, gefangen wurde. Wie wichtig der Lachs als Speisefisch war, läßt sich aus den Namen von Gasthäusern ableiten – oder aus dem Zusatz in manchen alten Dienstbotenverträgen des Oberrheingebiets, daß „selbige nicht mehr als zweimal pro Woche genötigt sein wollen, Salm zu essen". Zunftberichte aus dem 17. Jahrhundert geben den Lachsfang pro Jahr mit durchschnittlich 5 500 Tieren an, was einem Fanggewicht von ungefähr 33 Tonnen entspricht. Auch der Fang von Maifisch und Nase war von großer Bedeutung, während der Störfang eher nebensächlich war. Der Straßburger „Fischer und Haagmeister" Leonhard Baldner berichtet von elf gefangenen Stören zwischen 1624 und 1687.

Mit der Rheinkorrektion ging die Zahl der Wanderfische, die ehemals zum Ablaichen aus dem Meer ins Süßwasser aufstiegen, stark zurück. Zwar wurden schon 1850 künstlich erbrütete Lachse ausgesetzt, doch konnten die Hilfsmaßnahmen letztendlich am Ausbleiben der Salmen nichts ändern. Zwischen Basel und Straßburg mußten bis zur Jahrhundertwende über 340 Fischer ihren Beruf aufgeben, und bis 1930 gingen die Erträge auf durchschnittlich 1100 Lachse pro Jahr zurück. Anfang der 50er Jahre kamen die Fänge völlig zum Erliegen. Der letzte Oberrhein-Lachs soll 1954 verspeist worden sein.

Ab und zu scheinen einzelne Lachse den Aufstieg wieder zu wagen – erst 1989 wurde einer in einem Kraftwerksrechen entdeckt. Selbst wenn es sich nicht um ein künstlich eingesetztes Tier gehandelt hat, geben solche Einzelbeobachtungen aber noch keinen Trend an: Der Lachs macht bisher keine Anstalten, im inzwischen wieder etwas klareren Rheinwasser aufzusteigen, woran vor allem die wasserbaulichen Hindernisse schuld sind – künstliche Fischtreppen oder Aufstiegshilfen haben bisher nicht den erwünschten Erfolg gebracht.

Anstelle des seltener werdenden Lachses setzte man Forellen, Äschen und Zander ein, doch bald wurde der Aal zum wichtigsten Nutzfisch. Er ist gegen Flußbaumaßnahmen und Verunreinigungen weniger empfindlich.

Aale wandern als Jungfische die Flüsse hinauf und verlassen diese im ausgewachsenen Zustand zum Ablaichen wieder in Richtung Meer. Seit 1917 wurden sie auch am Oberrhein mit Aalschockern in großem Umfang auf ihrer nächtlichen Laichreise gefangen, wenn sie sich zwischen Mai und November mit der stärksten Strömung flußabwärts treiben ließen.

Die trichterförmigen, etwa 30 Meter langen Netze der Schocker wurden seitwärts in die Strömung geschwenkt und vertäut.

In der Blütezeit der Aalschockerei in den dreißiger Jahren standen auf der deutschen Rheinstrecke etwa 200 solcher Boote, die jährlich um die 200 Tonnen Aal fingen. Die rückläufige Tendenz des Aalfanges hat weniger mit dem Rückgang des Aalbestandes zu tun als mit den organischen Verunreinigungen des Rheins, die sich in den Netzen festsetzten. Dadurch erhöhte sich der Strömungswiderstand, und schließlich rissen die Netze. Auch wurde die zunehmende Radarschiffahrt bei Nacht zum Problem, denn die Aalschocker standen dann in der Hauptfahrrinne. Sie wurden immer mehr zur Gefahr für die großen Schiffe und ebenso durch diese gefährdet.

Allerdings machte sich die zunehmende Abwasserbelastung des Rheins auch im Geschmack der Fische immer stärker bemerkbar. Letztlich wurde der Verkauf von Rheinfischen ganz verboten – wegen der hohen Schwermetallbelastung und schwindelerregenden Mengen von hochgiftigen organischen Verbindungen aus Industrieabwässern und Pflanzenschutz. So ist der letzte Schocker am Oberrhein, der noch zwischen Plittersdorf und Wintersdorf stand, heute ein Museumsstück.

Treidler, Lotsen und Fährleute

Auch die Berufe rund um die Schiffahrt haben sich mit der Modernisierung der Schiffstechnik und dem Rheinausbau grundlegend verändert. Die Schiffahrt war von alters her eine wichtige Einnahmequelle der Rheinanwohner. Zuerst wurden die Halfleute oder Treidler überflüssig. Sie besorgten die schwere Arbeit des Schleppens der Schiffe bergan. Und so gefährlich die anstrengende Arbeit auch war, die Treidler wehrten sich vehement gegen die Einführung des Dampfschiffes. Teilweise wurden die Schaufelraddampfer sogar von Flußschiffern und Treidlern beschossen, so daß das Militär sie schützen mußte. Aber der tätliche Protest blieb genauso wirkungslos wie ein 1848 von der Zentralkommission verhängtes Verbot von weiteren Dampfschiffen.

Die Ausbaumaßnahmen und schließlich der Einsatz von Radar machte auch die Lotsen überflüssig. Ihre schwierige Aufgabe war es, die Schiffe sicher durch eine sich ständig umgestaltende Fahrrinne im Hauptstrom zu geleiten. Heute ist die Strecke zwischen Neuburg und Iffezheim, die noch einen Rest der ehemaligen Flußdynamik aufweist, so kurz, daß das Übernahmemanöver des Lotsen mehr Zeit erfordern würde als die Fahrt durch die nicht befestigte Wasserstraße.

So sind die Fährleute heute die einzigen Rheinschiffer, die sich hie und da noch über Wasser halten konnten, allerdings machen ihnen die zahlreichen Brücken über den Rhein große Konkurrenz. Heute sind hauptsächlich Motorfähren und nur noch vereinzelt die motorlosen Gierfähren in Betrieb: Sie pendeln an einem Seil zwischen den Ufern hin und her. Angetrieben werden sie von der Flußströmung, die sie über zwei mächtige Ruder umlenken.

Töpfer

Durch die Flußdynamik wurden am Oberrhein Tone in der Aue großflächig abgelagert. Zur Handwerkskunst zählt deshalb auch die Herstellung von Tonwaren. Ein Zentrum der Keramikherstellung ist das elsässische Soufflenheim, wo sich heute auch ein Museum befindet. Entlang des Rheins findet man hin und wieder eine kleine Töpferei und eine Reihe von Ziegeleien. Viele der stillgelegten Tongruben haben sich inzwischen zu wertvollen Feuchtgebieten

Bis zur Tullaschen Rheinbegradigung waren Goldwäscher am Oberrhein kein seltener Anblick. „So strahlen die Gestade des Rheines", diese lateinische Umschrift trägt die 1764 in Mannheim geprägte Medaille.

entwickelt – die „Mechtersheimer Tongruben" und die Tongruben im „Hokkenheimer Rheinbogen" stehen heute unter Naturschutz.

Goldwäscher

Daß der Rhein außer dem sagenumwobenen Nibelungenschatz früher tatsächlich feine Goldplättchen mit sich führte, ist heute in Vergessenheit geraten. Bei dem Wort Goldwäscher denken wir eher an amerikanische Pionierzeit-Filme als an das Altrheingebiet „Goldkanal" zwischen Rastatt und Karlsruhe oder an das Gewann „Goldgrube" südlich von Speyer. Schon 868 erwähnt Otfried von Weißenburg in seinem Evangelienbuch die Goldgewinnung aus Rheinsand, seit 1355 ist in Urkunden belegt, daß die Gemeinden Seltz, Beinheim, Münchhausen, Neuburg, Wörth, Leimersheim und die Rieddörfer Plittersdorf und Ottersdorf Goldwäschereien unterhielten. Das gewonnene Rheingold wurde an Münzprägeanstalten geliefert – immerhin zwischen sieben und 83 Kilogramm pro Jahr.

Die ergiebigsten Goldgründe lagen auf der rechten, badischen Seite des Talweges. Die ungenaue Grenzziehung durch die ständige Verlagerung der Hauptrinne führte ab 1790 zu häufigen Auseinandersetzungen zwischen den Goldwäschern aus Seltz, Münchhausen und Plittersdorf. Doch schon 1822 war das Geschäft des „einträglichen Goldwaschens" unwiederbringlich vorbei. Durch die beginnende Tullasche Rheinkorrektion konnten sich die Goldflimmerchen infolge des stärkeren Gefälles im geregelten Strombett nicht mehr so leicht absetzen. Trotzdem gab es bis zur Jahrhundertwende in Speyer noch einen Goldwäscher, und bei Illingen wurde 1936 ein letzter Versuch mit einem Bagger unternommen. Er förderte jährlich etwa 300 Gramm Gold und wurde 1943 wieder eingestellt.

Holzschuhmacher

Die Landbevölkerung trug früher teures Schuhwerk aus Leder nur zu besonderen Anlässen. Meist ging man barfuß, und im Winter trug man im Fachwerkhaus Strohschuhe, die auch aus dem Seegras der Aue gefertigt wurden. Außerhalb des Hauses waren die wasserfesten Holzschuhe üblich. Jahrhundertelang haben Holzschuhmacher astfreie, gesunde Weiden- und Pappelstämme aus dem Auenwald gesägt, sie in schuhlange Stücke zerschnitten und gespalten. Mit dem Handbeil wurde die rohe Form herausgehauen und mit dem Schnitzmesser weiterbearbeitet. Anschließend wurde der Rohling in die Werkbank eingespannt, das Innere herausgebohrt und das Fußbett modelliert.

Weil die Nachfrage vor allem im Herbst vor dem herannahenden Winter anstieg, wenn das Barfußgehen aufgegeben wurde, hatten die Holzschuhmacher während des Sommers einen Vorrat an bereits getrockneten, gebrauchsfähigen Schuhen angehäuft. Noch bis in die 50er Jahre unseres Jahrhunderts fand sich in den Schulhäusern am Oberrhein vor dem Eingang ins Klassenzimmer ein hohes Gestell, das die Schüler im Winter zum Abstellen der „Kläpperle" benutzten. Später liefen jedoch Lederschuhe und Gummistiefel den Holzschuhen den Rang ab.

Korbmacher

Kartoffelkörbe, Waschkörbe, Korbsessel, Stubenwagen, Wäschetruhen, Einkaufstaschen und Stuhlgeflechte entstanden ehemals aus geflochtenen Weidenruten. Korbmacher waren gleichzeitig auch Weidenheger, die auf „sandigem Felde" spezielle Weidenkulturen (meist gezüchtete Korbweiden) anlegten. Im Winter wurden die Weidenstöcke geschnitten, die Ruten sortiert und vier bis fünf Wochen lang handhoch ins Wasser gestellt. So ließ sich die Rinde leichter abziehen. Je nach Sorte legte man sie dann noch einmal mehrere Stunden oder Tage ins Wasser, um sie für die Verarbeitung richtig geschmeidig zu machen. Noch bis in die 60er Jahre gab es einzelne Korbmacher im Oberrheingebiet. Die Korbwaren wurden aber zusehends von preiswerter herzustellenden Artikel aus Draht, Plastik und Leichtmetall verdrängt.

Ein Schimmer am Horizont?

Der Raubbau an den Oberrheinauen ist inzwischen so weit fortgeschritten, daß die Folgen nicht mehr zu übersehen sind. Hochwasser erreichen wieder die gleichen Pegelstände wie zu Zeiten vor der Regulierung – nur bewegen sie sich heute viel schneller vorwärts. Es fehlen offensichtlich nicht nur 98 Prozent eines faszinierenden Natur-Lebensraums, sondern auch ein wichtiger Bestandteil eines komplexen Ökosystems.

Lange Zeit hatte sich niemand so recht zuständig gefühlt für die Auen – weder ihr Einfluß auf das Flußregime wurde untersucht, noch die Überlebensstrategien und verblüffenden Anpassungen ihrer pflanzlichen und tierischen Bewohner. Seit sich die Hochwasserkatastrophen jedoch häufen (1987 und 1988 sogar nur mit Jahresabstand), hat hektische Betriebsamkeit eingesetzt. Seither wird geforscht und begutachtet, und dabei werden neue Konzepte für den Hochwasserschutz entwickelt. Allerdings passiert nun alles gleichzeitig: Auf der einen Seite werden schon Rückhaltebecken gebaut und testweise geflutet, während andere noch planen, die Umweltverträglichkeit prüfen oder die Folgen für die Anwohner abzuschätzen versuchen. Doch die große Ratlosigkeit des Wasserbaus, wie die Katastrophe für die dicht besiedelte Region abzuwenden sei, gibt auch den Auen wieder eine Chance. Denn seit man ihre natürliche Schutzfunktion – auch für den Grundwasservorrat und die Wasserqualität – erkannt hat, ist Auen-Renaturierung zu einem denkbaren Modell geworden.

Hochwasserschutz und Trinkwasserspeicher

In ausgedehnten Auenlandschaften der breiten Niederungen kann sich das Hochwasser ausbreiten, und mit der Überflutung der Uferlandschaft wird zweierlei bewirkt: Zum einen kann sich das Hochwasser so flächig verteilen, daß der Höhenanstieg der Flutwelle natürliche Grenzen findet. Zum anderen kommen die Wassermassen beim Durchfließen natürlicher, dichter Auenwälder wesentlich langamer voran als in der freigeräumten Hauptrinne des Flusses.

Weil sich das Hochwasser in der natürlichen Auenlandschaft gleichmäßig verteilt und gebremst wird, kann es versickern und so den Grundwasservorrat auffüllen. Der Eintrag von Flußwasser in den Grundwasserkörper funktioniert langfristig aber nur, wenn Hoch- und Niedrigwasser sich abwechseln, weil sonst die feinen Bodenporen vom Sediment verstopft werden. Trotzdem zeichnen sich heute selbst flußabwärts der letzten Staustufe bei Iffezheim – dort ist immerhin noch ein Rest der Flußdynamik vorhanden – allmählich Entnahmegrenzen für das Grundwasser ab. Karlsruhe schöpft aus Tiefbrunnen jährlich bis zu 50 Millionen Kubikmeter Grundwasser, so daß schon regelrechte Absenkungstrichter rund um die Zapfstellen entstanden sind. Kurzfristig hilft es zwar, die Brunnen tiefer zu legen, doch auf Dauer wird dieser wohl elementarste

Rohstoff knapp werden. Die naturnahen – möglicherweise renaturierten Rheinauen – könnten einen wichtigen Beitrag dazu leisten, diesen Wasserschatz zu erhalten und wieder anzureichern.

Natürliche Kläranlage

Auch die Qualität des Wassers wird durch die Auen verbessert, denn die natürlichen Flachgewässer und ausgedehnten Überflutungsräume bilden eine riesige, biologisch aktive Oberfläche. Die Auengewässer verfügen deshalb über eine außergewöhnlich hohe Selbstreinigungskraft: Im flachen Wasser verarbeiten Bakterien und mikroskopisch kleine Pflanzen und Tiere wie Algen und Pilze die eingeschwemmten Nährstoffe. Und Muscheln, Schnecken, Würmer sowie eine Vielzahl von Insekten, etwa die massenhaft vorkommenden Zuckmücken- und Stechmückenlarven, filtern organische Partikel ab. Sie nehmen auch die im Wasser gelösten Phosphate und Nitrate auf.

In Senken und Rinnen, im Röhricht und im Auenwald werden weitere Nährstoffe abgefiltert, eingelagert oder von den Pflanzen aufgenommen und damit dem Nährstoffhaushalt entzogen – der seit massivem Düngemitteleinsatz und Abwassereinleitung ständig unnatürlich hoch ist. Die tonreichen Auenlehmdecken bilden wiederum Schutz und mechanischen Filter gegen Verunreinigungen des Grundwassers.

Problematisch ist allerdings die Belastung mit Schwermetallen oder naturfremden Stoffen, etwa Rückständen aus Pflanzenschutzmitteln und Kunststoffen. Vor allem die Schwermetalle werden bei Überschwemmungen weit in die Aue getragen, weil sie sich an die schwebenden Tonteilchen anlagern. Im Auenlehm werden Blei, Kupfer, Cadmium und Zink festgehalten. Vorerst können sie dort nicht allzuviel Schaden anrichten, weil das Rheinwasser einen relativ hohen pH-Wert zwischen sieben und acht hat, also neutral bis schwach basisch ist. In diesem Bereich sind viele Giftstoffe chemisch so fest an ihre Trägersubstanzen gebunden, daß sie zumindest nicht von den Pflanzen aufgenommen werden können. Allerdings könnte es einen Tages zur Sättigung kommen – und bei steigenden Abwassermengen und immer höheren Konzentrationen von hochgiftigen, künstlichen Verbindungen versagt irgendwann auch die Reinigungskraft des größten Auengebietes.

*Integriertes Rheinprogramm –
Polder oder Auen-Renaturierung?*

Ausschlag für ein Umdenken in der Wasserbau-Politik gaben die katastrophalen Hochwasser, die sich infolge des modernen Rheinausbaus flußabwärts ereigneten. Die anwachsende Gefahr läßt sich auch an den Pegelständen in Maxau und Worms feststellen: Der noch zulässige „schadlose Abfluß" zwischen den Dämmen wird immer wieder überschritten. Dieser festgelegte Wert soll Schutz vor einem Hochwasser garantieren, das etwa alle 200 Jahre erwartet wird. Weil sich die Rheinanlieger flußabwärts immer stärker gefährdet sahen, mußten für den „Überfluß" neue Rückhalteräume gesucht werden. Die Planungen mündeten in einem Integrierten Rheinprogramm, das über Landes- und Staatsgrenzen hinweg die bedrohliche Situation entschärfen soll. Zunächst ging man davon aus, daß die seit 1955 verlorengegangenen Retentionsräume von rund 130 Quadratkilometern (60 Prozent der damaligen Überflutungsauen) auf wenige Standorte konzentriert werden könnten. Denn große Teile der ehemaligen Überflutungsflächen sind heute überbaut und stehen gar nicht mehr zur Verfügung. Riesige Polder, Rückhaltebecken mit mehreren Metern Höhe, wurden geplant und teilweise auch schon gebaut – etwa das Kulturwehr bei Kehl und der Polder Altenheim. Sie sollten nur bei Hochwasser gefüllt werden und so die Hochwasserspitze kappen. Allerdings wurden massive Schäden erwartet – sowohl bei Tier- und Pflanzenwelt, als auch auf den forst- und landwirtschaftlichen Anbauflächen, die mitten in den Poldern liegen. Schon beim ersten Probebetrieb bestätigten sich die Befürchtungen.

Der unregelmäßige Dauerstau ist mit der natürlichen Auendynamik und ihren periodisch auftretenden Wasserstandsschwankungen nicht zu vergleichen: Die Organismen haben keinerlei Chance, sich an das Geschehen anzupassen. Zudem hat das Stauwasser einen entscheidenden Nachteil – es ist wesentlich ärmer an Sauerstoff als das langsam fließende Hochwasser der Aue. Deshalb können selbst die überflutungstoleranten Silberweiden mit ihren Stammwurzeln wenig ausrichten und sterben viel schneller ab. Selbst wenn man diese Schäden außer acht läßt, bleibt es sehr fraglich, ob die Polder dem Wasserdruck standhalten würden.

Nachdem der starre Polder als Lösung ausschied, wurde eine flexible Polderung mit der wohlklingenden Bezeichnung „ökologische Flutung" favorisiert, doch umfangreiche Untersuchungen zeigten, daß auch dieser Eingriff alles andere als naturverträglich sein würde. Denn das Wasser könnte zwar auenähnlich schwanken – in einem Fließpolder sogar strömen – im Hochwasserfall käme aber dennoch eine unnatürliche Situation zustande: Kurz bevor die Hochwasserspitze den Polder erreicht, soll dieser völlig geleert werden, um dann genug Platz für die höchste Wasserwelle zu haben. Vor der simpelsten und einzig wirklich ökologischen Lösung schrecken die Wasserbauer noch zurück: Würden die alten Dämme geschleift und die neuen weiter landeinwärts gebaut, dann könnten abgetrennte Auengebiete wieder ins natürliche Geschehen eingegliedert werden – der Rhein erhielte zumindest teilweise sein Regiment zurück.

Allerdings ergeben sich auch hier einige Probleme für die heute ausgedeichten Bereiche, die noch zahlreiche Rest-Biotope beherbergen. Einerseits waren sie jahrzehntelang von der Flußdynamik abgeschnitten, und es haben sich wertvolle Rückzugsgebiete für seltene Stillwasserarten wie etwa den Wasserfarn gebildet. Andererseits ist das Rheinwasser immer noch so stark verschmutzt, daß viele Naturschützer das Experiment Auen-Renaturierung lieber zuerst auf heute ökologisch uninteressanten Flächen erproben möchten, bevor die geschützten und wertvollen Altarme wieder geflutet werden.

Die Möglichkeiten und Auswirkungen einer Auen-Renaturierung und Rückverlegung der Dämme werden untersucht – sowohl die ökologischen als auch die hydrologischen. Gleichzeitig werden aber die Geldmittel, die zur Verfügung stehen, schon in Form von Poldern, Kulturwehren oder Dammverstärkungen verbaut – bevor klar ist, ob es eine bessere, naturverträgliche Lösung gibt!

Parallel zum Integrierten Rheinprogramm können auch Schutzgebiete von den Bundesländern ausgewiesen werden. 1984 wurde für den Regierungsbezirk Karlsruhe eine „Rheinauen-Schutzgebietkonzeption" vorgestellt, und seit 1988 liegt für das „Biotopsystem Nördlicher Oberrhein" zwischen Iffezheim und Bingen auch eine länderübergreifende Naturschutz-Planung vor. Das Netz der geschützten Flächen soll durch Extensivierungs-Programme für Land- und Forstwirtschaft ergänzt werden – also einer staatlich bezuschußten Abkehr von der intensiven Bewirtschaftung bei Höchsterträgen. Wo es möglich ist, sollen die Dämme zurückverlegt und dem Rhein seine Aue wiedergegeben werden.

Umdenken im Forst

Pappelmonokulturen bringen zwar hohe Erträge, im Vergleich zu den artenreicheren Hartholzauenwäldern sind

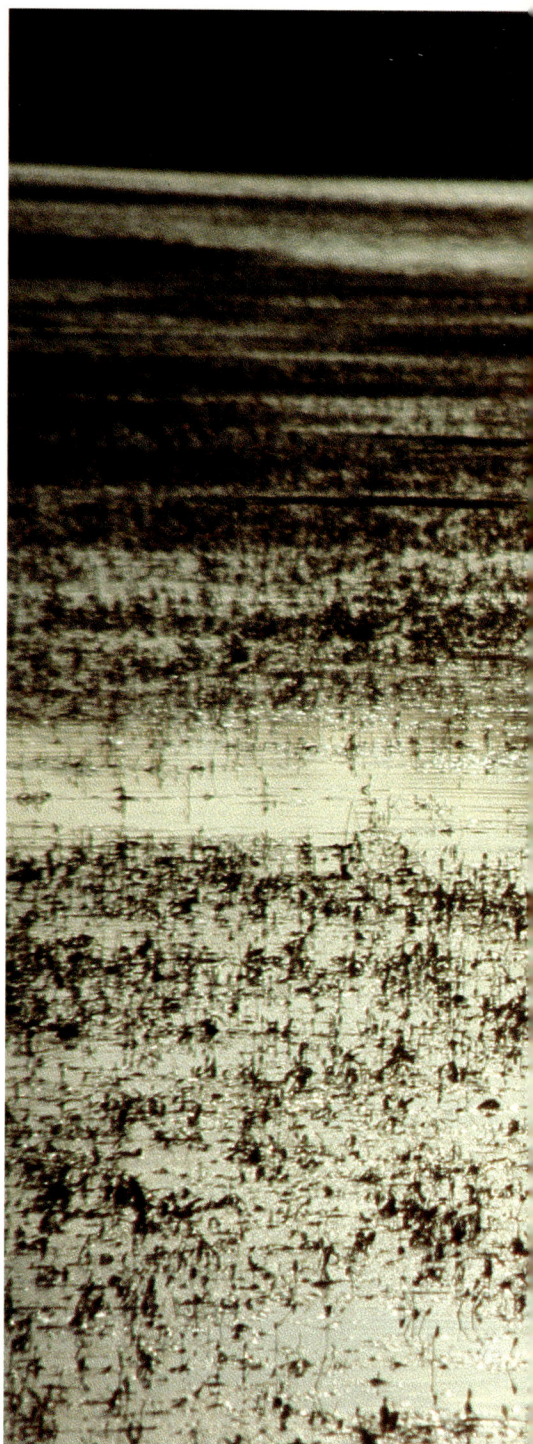

Flach überschwemmte Uferbereiche gehören mit zu den produktivsten Lebensräumen der Aue: Tausende von Kleinstorganismen filtern Nährstoffe aus dem Wasser und entwickeln sich in dieser Zone, Fische bevölkern die Laichkrautfluren, Graureiher stellen ihnen nach.

sie jedoch aus ökologischer Sicht kein Ersatz. Diese Erkenntnis ist zwar nicht neu, doch seit Mitte der 80er Jahre bemüht sich die Forstverwaltung auch wieder um eine naturnahe Bewirtschaftung des Auenwaldes. Es werden Eichenkulturen angelegt und forstwirtschaftlich bedeutungslose Arten geschont, damit die Bestände artenreicher werden. In ausgewiesenen Schon- und Bannwaldgebieten wird ganz auf die wirtschaftliche Nutzung verzichtet. So entstanden in der Rastatter Rheinaue, dem Kleinen Bodensee bei Karlsruhe, der Ketscher Rheininsel und der Reißinsel neue Naturwaldzellen.

Kommunale und private Anstrengungen

Trotz staatlicher Vorgaben und Planungen sind es letztlich die Gemeinden in den Rheinauen selbst, die mit ihren Interessen die Naturlandschaft bewahren oder zerstören können – allerdings füllt eine rein naturschutzorientierte Kommunalpolitik noch keine Kassen. Dennoch sind in einzelnen Rheinauen-Gemeinden in den letzten Jahren verstärkt Planungen zur Biotopvernetzung angelaufen und staatliche Programme zu Extensivierung mitgetragen und ergänzt worden. Spezielle Artenschutzprogramme etwa für Weißstorch und Großen Brachvogel werden gefördert und Pflegemaßnahmen auch außerhalb von Schutzgebieten durchgeführt. Selbst die naturnahe Gestaltung von Seeufern und Wasserläufen ist kein Fremdwort mehr.
Für die Erhaltung der Auen-Lebensräume spielen auch die unterschiedlichen Naturschutzverbände eine große Rolle: Bestandszahlen von Tierarten werden erfaßt, Wiederansiedlungsprojekte ins

Auf trockenen Kiesrücken und mageren Wiesen blüht im Mai die Spitzorchis.

Leben gerufen sowie Schutzgebietskonzeptionen, Bewirtschaftungs- und Pflegemodelle für die Auenlandschaft erarbeitet. Der Naturschutzbund Deutschland (NABU, ehemals Deutscher Bund für Vogelschutz, DBV) hat ein wissenschaftliches Forschungsinstitut in Bühl eingerichtet, und die Umweltstiftung World Wide Fund for Nature (WWF-Deutschland) hat unter Mithilfe des Landes Baden-Württemberg und der Stadt Rastatt im Mai 1985 ein speziell für Auenfragen zuständiges Institut gegründet.

Und auf der anderen Rheinseite?

Auch im Elsaß bemühen sich staatliche und private Organisationen um den Schutz der letzten naturnahen Rheinauen. Mehrere Schutzgebietsplanungen wurden vorgeschlagen und teilweise realisiert. Hierzu zählen Waldschutzgebiete (unseren Schonwäldern vergleichbar) etwa bei Marckolsheim, bei Erstein, die Rheinauenwälder der Stadt Straßburg, der Wald von Offendorf und die Wälder des unteren Tals der Moder und Sauer. Als Réserve Naturelle (vergleichbar unseren Naturschutzgebieten) sind die Rheininsel von Rhinau und die Ile du Rohrschollen, Teile des Ersteiner Waldes sowie die Rheinaue bei Seltz-Münchhausen vorgesehen.

Politischer Brückenschlag

Verstärkt wird inzwischen auch grenzüberschreitend an Naturschutzkonzeptionen gearbeitet – etwa das deutsch-französische Programm „Lachs 2000". Es soll den Rhein wieder als Wanderweg attraktiv machen. Hinter dem klin-

genden Namen Pamina verbirgt sich ein von der europäischen Gemeinschaft mitfinanziertes Konzept, das neben der wirtschaftlichen Annäherung der Grenzräume auch den Erhalt der Oberrhein-Landschaft mit ihren noch vorhandenen naturnahen Lebensräumen fördern soll. Dabei steht „Pa" für Palatinat, die französische Bezeichnung der Pfalz, „mi" für mittlerer Oberrhein, und „na" für Nord Alsace.

Ein badisch-elsässisches „Öko-Museum Rheinauen" ist geplant – ein Netz von Zweigstellen beiderseits des Rheins, das sowohl die ökologischen als auch die historischen und kulturellen Aspekte der Auenlandschaft und der Lebensweise der Menschen in der Oberrheingegend darstellen soll. Ein Umweltzentrum mit dem Schwerpunkt eines lebendigen Naturmuseums soll in Münchhausen eingerichtet werden, während das im Aufbau begriffene Riedmuseum im Rastatter Ortsteil Ottersdorf die typischen Auenberufe darstellen wird.

Der Hartholzauenwald stellt in unseren Breiten die struktur- und artenreichste Lebensgemeinschaft dar.

AUEN KENNENLERNEN – NATURVERTRÄGLICH!

Ohne Besucher kein Bewußtsein

Ein komplexes Ökosystem wie die Rheinaue ist empfindlich und kann auch durch übergroßen Ansturm von naturbegeisterten Menschen Schaden nehmen: Der „Besucherdruck" macht jedem kleinräumigen Naturschutzgebiet zu schaffen. Dennoch kann es nicht Sinn des Naturschutzes sein, alle Interessierten und Erholungssuchenden daran zu hindern, die wenigen noch verbliebenen Hektar Rest-Natur zu genießen.

Ein wirksamer Schutz von bedrohten naturnahen Lebensräumen ist überhaupt erst dann möglich, wenn viele Menschen wissen, daß es sie gibt. Wer einen persönlichen Bezug zu einem schützenswerten Fleckchen Natur hat, wird sich auch viel eher für seine Erhaltung einsetzen. Allerdings ist „Besucherlenkung" in einem so dicht besiedelten Gebiet wie der Oberrheinebene unbedingt notwendig, um die negativen Auswirkungen für die Natur möglichst klein zu halten.

Wir wollen Sie mit der folgenden Vorstellung einzelner Gebiete dazu anregen, sich selbst ein Bild von der typischen Auenlandschaft des Oberrheins zu machen – einmal durch die Märchenlandschaft des Auenwaldes zu wandern, wenn sich die Pappelsamen mit ihren Flughaaren wie ein silbriger Schleier über alle andern Bäume und Pflanzen gelegt haben oder die eigentümliche drückende Stille eines feuchtwarmen Sommertags zu erleben. Die besten Jahreszeiten für solche Erkundungen sind das Frühjahr (April und Mai) und der Spätsommer (August und September). Wer ein bißchen Artenkenntnis mitbringt und Spaß am Beobachten und Bestimmen von Tieren und Pflanzen hat, wird nur schrittweise vorwärts kommen – zu viel gibt es am Wegesrand zu entdecken.

Der Wegesrand sollte allerdings eine Art magisches Stoppschild sein, denn dem „Haubentaucher ist es egal, ob er von einem Hobbyfotografen oder einem Naturschützer gestört wird", wie Horst Stern 1980 bei einem Besuch der Rastatter Rheinaue treffend formulierte. Auch der niedergetrampelte Bärlauch und die vom Kanupaddel abgerissene Wassernuß können Freund und Feind nicht unterscheiden. Deshalb die Bitte an Sie, einige Tips und Hinweise zu beherzigen:

Bleiben Sie auf den beschilderten Wegen, auch wenn Sie es verstehen, sich umsichtig und ohne Schaden für die Natur abseits der Pfade zu bewegen. Nur so läßt sich verhindern, daß zahllose Nachahmer Ihrer Spur folgen. Wenige Querfeldein-Wanderer bringen mehr Unruhe und Störungen in ein Gebiet als Hunderte von Besuchern auf den Hauptwegen! Besonders ärgerlich wird es, wenn die Individuali-

Naturnahe Lebensräume locken immer mehr Besucher an. Doch wird die Entscheidung zwischen Naturschutz und notwendigem Bekanntheits- und Beliebtheitsgrad oftmals zur Gratwanderung.

sten bei ihren eigenwilligen Touren so viele Tiere aufscheuchen, daß vom Weg aus nichts mehr zu beobachten ist. Ein schwacher Trost sind da die positiven Erfahrungen aus englischen und amerikanischen Schutzgebieten, die schon seit langem ihre Besucherströme ganz gezielt steuern, woran sich auch die Tiere gewöhnt haben. Selbst sehr scheue Arten wagen sich dort bis in die nächste Nähe der Wanderwege.

Informieren Sie sich, bevor Sie ein Gebiet besuchen. Eine mitgebrachte Wanderkarte hilft in jedem Fall weiter, und Naturführer zu Lebensraum oder Tier- und Pflanzenwelt lesen sich meist vor Ort noch viel spannender als zu Hause. Mit der Wahl der Tages- oder Jahreszeit für einen Besuch läßt sich das Maß der Störung ebenfalls steuern. Während der Morgen- und Abenddämmerung, der Hauptaktivitätszeit vieler Wildtiere und Vögel, sollten die meisten Gebiete überhaupt nicht betreten werden. In den Rheinauen herrschen außerdem bei sehr hohen oder niedrigen Wasserständen außergewöhnliche Lebensbedingungen. Bei Hochwasser können Störungen die Tiere direkt in den Tod treiben: Die Angst vor dem Menschen ist meist noch viel größer als die Angst vor dem nassen Element. Wer bei Hochwasser den Auenwald per Boot erkundet, scheucht Wildtiere wie Rehe, Hasen und viele Kleinsäuger aus ihren sicheren Einständen und Verstecken zurück in die Fluten. Auch das Begehen der Hochwasserdämme kann während der Überschwemmung des Auenwaldes fatale Folgen haben: Obwohl es ausdrücklich verboten ist, sammeln sich gerade hier die Besucher gerne, weil von dort oben das Naturschauspiel trockenen Fußes zu beobachten ist. Die Wildtiere wagen es dann oftmals nicht, über die Dämme auf die trockene Seite zu wechseln und ertrinken.

In Niedrigwasserzeiten reagieren vor allem Wasservögel sehr empfindlich auf Menschen: Enten, Taucher und Rallen drängen sich dicht an dicht auf den wenigen verbliebenen wasserführenden Altrheinen, und die Watvögel bevölkern die Schlickufer. Ein einzelner Spaziergänger, Fotograf oder Angler kann ganze Vogelscharen immer wieder zum Auffliegen bringen, wenn er sich in die Nähe des Wassers begibt. Wie störend viele Freizeit-Aktivitäten sind, wurde schon an anderer Stelle beschrieben, und das Ausreißen von Pflanzen oder Fangen von Tieren sollte für jeden Naturfreund selbstverständlich ausgeschlossen sein. Werden diese Grundregeln befolgt, so kann jeder Besucher ein einzigartiges Naturerlebnis aus den Rheinauen mitnehmen, ohne Schaden anzurichten.

Flickenteppich entlang des Oberrheins

Das ehemals kilometerbreite Auenwaldband des Oberrheins nimmt heute nur noch einen Bruchteil der Talaue ein – Relikte der natürlichen Überschwemmungslandschaft des Wildflusses Rhein liegen in einem schmalen Streifen zwischen Schiffahrtskanal und Autobahn oder inselartig inmitten von Industrieansiedlungen, Ackerflächen, Spalierobst-, Pappel- und Kiefern-Plantagen.

Von Basel flußabwärts bis nach Breisach erstreckt sich heute ein Trockengebiet. Dort haben Wasserbau und Stauhaltung die ursprünglichen Auen der Furkationszone weitgehend zerstört. Es hat sich ein besonderer Biotop mit Trockenwäldern geformt, der natürlicherweise nicht flächig, sondern nur auf den höchsten Kiesinselköpfen vorkam. Weiter nördlich zwischen Kaiserstuhl und Straßburg blieben trotz gestörten Wasserhaushalts bedeutende Altauen mit zahlreichen Wasseradern und typischen Gießen bestehen. Bei Iffezheim geht die ehemalige Furkationszone allmählich in die Mäanderzone über. Dort befindet sich auch die bislang letzte Staustufe – erst flußaufwärts herrscht das Überflutungs-Regime des Rheins noch. Das direkt an die Staustufe anschließende Naturschutzgebiet Rastatter Rheinaue und die linksrheinische Mündung der Sauer zwischen Seltz und Münchhausen kommen deshalb dem natürlichen Zustand der Aue noch recht nahe.

Nördlich von Karlsruhe ist der Überflutungsbereich des Stromes sehr stark eingeschränkt, und auf der Strecke bis Bingen blieben nur wenige Reste des ursprünglichen Auenwaldes übrig. In ausgedeichten Mäanderschleifen entstanden allerdings wertvolle Altrheinlandschaften.

Abschließend stellen wir Ihnen eine Auswahl einzelner Auen-Lebensräume vor – solche, die „naturnah" geblieben sind und jene, die vom Regime des einst so wilden Flusses abgeschnitten wurden und ihren typischen Auen-Charakter verloren haben. Dennoch sind letztere ökologisch oft ebenso wertvoll und interessant wie die noch überfluteten Rheinauen – meist repräsentieren sie einen bestimmten Teilaspekt der ehemals vielgestaltigen Überschwemmungslandschaft.

Die ehemalige Furkationszone

Das Trockengebiet zwischen Basel und Breisach

Die Tullasche Rheinkorrektion und der moderne Rheinausbau haben die Auenlandschaft zwischen Basel und Breisach nachhaltig verändert: Durch die Flußlauf-Verkürzung fraß sich der Rhein bis zu zehn Meter tief in den Untergrund ein, der Grundwasserspiegel sank, Überflutungen blieben aus, und es entstand neben einem hauchdünnen Weiden- und Pappelstreifen direkt am „Restrhein" ein ausgesprochenes Trockengebiet.

Zwar sieht die Landschaft heute so aus, als hätte der Rhein sie gerade erst verlassen, doch sind die Schluten und Rinnen schon seit Jahrzehnten restlos ausgetrocknet. Zwischen Basel und Breisach ist heute ein Großteil der Flächen vom Grundwasserspiegel nahezu abgeschnitten, er liegt im Jahresdurchschnitt vier bis sieben Meter unter der Flur. Die Pflanzen im Trockengebiet sind deshalb fast vollständig auf Niederschläge angewiesen. Diese fallen aber im ganzen Oberrheingebiet, das im Regenschatten der Vogesen liegt, nur sehr spärlich.

Fast provenzalische Landschaftseindrücke vermitteln heute Trockenwälder aus Stiel- und Flaumeichen, die mit alten Pappeln und Ulmen durchsetzt sind, sowie Staudenfluren, Halbtrocken- und Trockenrasen: Sie sind zu einem wichtigen Lebensraum für viele seltene Pflanzen und Tiere geworden. Die Luft duftet aromatisch nach Thymian, Wildem Majoran, Salbei und Sanddorn, und in der Abenddämmerung ist das Schnurren des Ziegenmelkers, einer Nachtschwalbenart, zu hören. Klapper- und Dorn-

grasmücke, Turteltaube, Nachtigall und Neuntöter sind hier heimisch. In abgestorbenen Silberpappeln legen Schwarzspechte Bruthöhlen an, die von Dohlen und Hohltauben gerne übernommen werden. Über den Blüten tänzeln Schillerfalter, Großer und Kleiner Eisvogel, Schwalbenschwanz und Blutströpfchen, sogar die wärmeliebende Gottesanbeterin, eine Fangheuschrecke, wartet mit ausgebreiteten Vorderbeinen auf ihre Beute.

Wer sich einen guten Überblick verschaffen will, sollte auf den mächtigen weißen Kalkfelsen bei Istein, den „Isteiner Klotz", klettern. Von dieser Kalkscholle, die beim Einbrechen des Oberrheingrabens als widerstandsfähiges Bruchstück des Deckgebirges zurückblieb, ist das Trockengebiet und die umliegende Landschaft gut einzusehen. Vergleicht man die heutige Aussicht mit dem Gemälde des Schweizer Malers Peter Birmann, das auf Seite 23 abgebildet ist, und blickt wie er vor über 150 Jahren in Richtung Basel, so wird der Wandel der Landschaft überdeutlich.

Klare, kalte Gießen mit Flutrasen aus Wasserstern und Flutendem Hahnenfuß sind typisch für den südlichen Oberrhein, bei Burkheim.

Statt Flußinseln liegen heute südlich vom alten Ortskern Isteins Felder und Neubaugebiete mitten in der Rheinniederung, der Wasserlauf ist in einem zehn Meter tiefen Schacht, dem Tullaschen Kanal, verschwunden, und auf französischer Seite wird das Gefälle der ehemaligen Furkationszone zur Stromgewinnung ausgenutzt. Von Basel bis Freiburg verläuft zudem die Autobahn (A5) ganz nahe am kanalisierten Rhein – mitten in der ehemaligen Überflutungsaue.

Ein Trockenwald-Streifen, der weitgehend sich selbst überlassen blieb, ist das Naturschutzgebiet „Rheinwald Neuenburg", das nördlich der Staustufe Ottmarsheim bei Grißheim liegt. Im lichten Trockenwald gedeiht die Waldrebe, ausgedehnte Gebüschkomplexe werden von Liguster, Weißdorn, Schlehe, Berberitze und Wolligem Schneeball gebildet. Dazwischen haben sich Halbtrockenrasen und Staudenfluren entwickelt. Erst weiter flußabwärts, dort wo das Flüßchen Möhlin in den Rhein mündet (südlich von Breisach), läßt der Trocken-Charakter langsam nach.

Die Rheinaue nördlich von Breisach

In diesem Bereich der ehemaligen Furkationzone nördlich von Breisach und Kaiserstuhl sind ausgedehnte Auenwälder anzutreffen, die von zahlreichen Wasserläufen und Gerinnen durchzogen werden. Auch die typischen Gießen kommen hier noch vor: Flutender Hahnenfuß wogt gemächlich in ihrem klaren Grundwasserstrom, und die Ufer sind im Sommer von der gelb blühenden Wasserkresse gesäumt. Dennoch trügt das Bild, denn der Rheinausbau hat die wichtigste Gestaltungskraft geraubt – die Flußdynamik. Die Staustufe Iffezheim markiert den vorerst nördlichsten Punkt des modernen Vollausbaus. Der Rheinabschnitt zwischen Breisach und Iffezheim vermittelt heute zwar noch einen großartigen Eindruck der ursprünglichen Artenvielfalt und Urwüchsigkeit des Biotops – auf lange Sicht werden die Gebiete jedoch ihren typischen Auen-Charakter verlieren.

Zwischen Wyhl und Rheinhausen liegen große naturnahe Wälder, die sich auf einem gut ausgebauten Wegenetz erwandern lassen. Im Mai duften die Wälder nach Bärlauch, und der Waldboden ist mit einem Blütenmeer aus Buschwindröschen, Schlüsselblumen, Blausternen und Waldveilchen bedeckt. Zu erreichen ist dieses Gebiet von Weisweil aus, man biegt zum Rhein hin ab und folgt der Straße bis zum Rheinwärterhaus.

Das Taubergießengebiet

Mit zu den bekanntesten Rheinabschnitten zählt das Naturschutzgebiet „Taubergießen", das sich rechterhand des Rheins auf der Gemarkung der Ortschaften Rheinhausen, Rust und Kappel sowie der elsässischen Gemeinde Rhinau erstreckt. Seit es im Jahre 1979 unter Schutz gestellt und damit noch bekannter wurde, schwappte in das nur 15 Quadratkilometer große Gebiet eine schier endlose Besucherflut, die zu enormen Problemen geführt hat. Querfeldeinwanderer und Bootfahrer versetzten die Tierwelt in helle Aufregung, sie störten zum Beispiel Wasservögel bei Brut und Jungenaufzucht. Und auf den herrlichen Orchideenwiesen hinterließen naturbegeisterte Pflanzenfreunde sowie Heerscharen von Fotografen Tritt- und Pflückschäden.

Jüngste Untersuchungen offenbaren eine traurige Bilanz: In nur zwölf Jahren sind acht Brutvogelarten verschwunden, und drei weitere stehen kurz vor dem Aus. Schuld an der Zerstörung des „Taubergießen" sind allerdings nicht nur die Besucher: Der Kiesabbau frißt sich weiter in die Flachwasserzonen hinein, und Pflegemaßnahmen kommen oft viel zu kurz. Denn wo das natürliche Regiment des Rheins fehlt, muß künstlich entbuscht und gestaltet werden, damit die vielen Kleinstlebensräume erhalten bleiben – sonst werden die Kiesbänke und Schilfflächen völlig überwuchert, und die Altrheine und Schluten verlanden allmählich.

Die Kulturlandschaft der Trocken- und Halbtrockenrasen ist heute massiv bedroht. Die extensive Grünlandnutzung war nach der Tullaschen Rheinkorrektion entstanden: Der Wald wurde gerodet und Ackerflächen angelegt. Weil der Ertrag aber längst nicht so lohnend war wie erhofft, wurden die Flächen in einschürige Streuwiesen umgewandelt. Hier gedeihen neben Helmknabenkraut und Natternkopf auch Hummel-, Bienen- und Spinnenragwurz, und später im Jahr blühen die farbenkräftigen Skabiosen, Flockenblumen und Knautien. Durch Düngung der ehemaligen Magerwiesen konnten Klee und Gräser die Orchideen von vielen Standorten schon verdrängen.

Wer dieses immer noch wunderschöne Gebiet betritt, sollte deshalb unbedingt auf den Wegen bleiben (die leider schlecht beschildert sind), sich vielleicht sogar mit den Randbereichen des „Taubergießen" begnügen und die sensiblen Bereiche den Tieren und Pflanzen überlassen. Von Rheinhausen, Kappel oder Rust gelangt man zu den Wanderparkplätzen.

Vogelbeobachtung bei Kappel und Plobsheim

Zur naturverträglichen Beobachtung von Wasservögeln bietet sich im „Taubergießen"-Gebiet die Innenrheinmündung bei Kappel an (letztere soll allerdings das nächste Opfer der Kiesbagger werden). Auf französischer Seite können Vogelfreunde bei der Stauhaltung Plobsheim südlich von Straßburg ein ähnliches Artenspektrum bewundern. Im Winter finden sich hier Tausende von Enten, Tauchern, Kormoranen, Gänsesägern und Reihern ein. Zur Zugzeit trifft man auch die verschiedensten Arten von Watvögeln an: Wald- und Bruchwasserläufer, Rot- und Grünschenkel, Alpenstrandläufer oder Kampfläufer werden regelmäßig gesichtet. Dabei ziehen die einzelnen Vogelarten unterschiedlich weit in den Süden oder Norden, und die Geschwindigkeit und die Zeit ihrer Wanderung weichen stark voneinander ab – Vogelzug findet am Oberrhein deshalb praktisch während des ganzen Jahres statt (für jede Art der Vogelbeobachtung sollte man allerdings ein gutes Fernglas dabei haben, besser noch ein Spektiv).

Polder Altenheim

Wer neben Kulturwehren und riesigen Stauflächen auch die neuesten Bauwerke in Sachen Hochwasserschutz besichtigen möchte, sollte sich die

künstlichen Rückhaltebecken im Rheinwald bei Altenheim ansehen. In der ausgedeichten Aue wurden zwei Polder mit einer Gesamtfläche von 520 Hektar errichtet, die im Falle von Spitzenhochwassern mit vier bis sechs Metern überstaut werden sollten. Im März 1987 wurden sie zum ersten Mal probeweise geflutet, was katastrophale Folgen für Tier- und Pflanzenwelt hatte – die ertrunkenen Rehe und Wildschweine geisterten durch die Presse. Nach massiven Einsprüchen von Tierschützern wurden zwar „Wildrettungshügel" angelegt, doch das ganze Kon-

Noch lassen sich an der flach überstauten Innenrheinmündung im Taubergießengebiet zahlreiche Vogelarten beobachten, die dort Rast machen. Doch auch diese Naturzone soll dem Kiesabbau zum Opfer fallen und ausgebaggert werden.

zept der starren Polder mußte überdacht werden. Heute wird eine ökologische Flutung angestrebt – also ein auenähnliches Schwanken der Wasserstände. Seither hat der Polder Altenheim immer wieder test- und teilweise Kontakt mit dem Rheinwasser.

Doch nicht nur Wasserbaumaßnahmen sind zu besichtigen: Von den Dämmen aus läßt sich die artenreiche Vogelfauna in Auenwaldresten und Schilfgebieten ebenso gut beobachten wie die Formenfülle der Insekten.

Die ehemalige Übergangszone

Flußabwärts der Staustufe Iffezheim wird das Rheinvorland noch periodisch überschwemmt, so daß beiderseits des Flusses (bis Karlsuhe) noch rund 18 Quadratkilometer ausreichend überfluteter Auenwälder erhalten sind. In der ehemaligen Übergangszone mit ihrer Mischung aus verschmelzenden Flußgabelungen und angedeuteten Mäandern wurde zwar ebenfalls begradigt, durchstochen und ausgedeicht – dennoch weist der Abschnitt zwischen Iffezheim und Karlsruhe heute die größten zusammenhängenden „naturnahen" Auengebiete am Oberrhein auf.

Die Rastatter Rheinaue

Das Naturschutzgebiet Rastatter Rheinaue hat eine Ausdehnung von 850 Hektar. Im sieben Kilometer langen Geländestreifen zwischen der Staustufe Iffezheim und der Mündung des Flüßchens Murg kann man den besonderen Charakter eines Auenwaldes kennenlernen – die Wildnis aus dichten Gehölzen, Röhrichten und Wasserläufen, wo Wassernuß und Seekanne noch verbreitet sind und Watvögel wie der Flußuferläufer auf der Schlammbank nach Kleingetier suchen. Annähernd einhundert Brutvogelarten sind für die Rastatter Rheinaue belegt.

Auf den Halbtrockenrasen der sandigen Rheindämme sind farbenfrohe Falter und zahlreiche Wildbienenarten an den Blüten von Wiesensalbei, Klappertopf und Helmknabenkraut anzutreffen, während im Wald Hirschkäfer, Heldbock, kleiner und großer Pappelbock sowie Hummelschwärmer leben. Ein Laubfrosch- oder Wechselkrötenkonzert, das melodische Flöten des Pirols und lautes Gehämmer von Mittel- und Schwarzspecht können einen Ausflug im Mai auch zum klanglichen Erlebnis werden lassen.

Im Frühsommer kann man die Weißfische in den seichten Schilfstreifen beim Ablaichen beobachten – sie verraten sich durch wildes Geplantsche. Später im Jahr macht der metallisch blauschillernde Eisvogel in rasanten Sturzflugmanövern Jagd auf die Jungfische. Die Vielfalt der Rastatter Rheinaue ist überwältigend, doch auch hier haben sich forstliche Monokulturen in den Auenwald gedrängt. Bei Wintersdorf befindet sich allerdings noch ein naturnaher und regelmäßig überfluteter Hartholzauenwald mit einer bemerkenswerten Artenfülle von Bäumen, Sträuchern und Schlinggewächsen.

Das Naturschutzgebiet selbst ist am sichersten von Rastatt aus zu erreichen: Die Straße in Richtung Plittersdorf führt direkt zum Rhein und endet am Parkplatz der Rheinfähre. Ein Rundweg bietet sich dort in südlicher Richtung an: Bis auf die Höhe von Wintersdorf ist der Rheindamm gut zu begehen, durch den Auenwald queren mehrere Waldwege zum Hochwasserdamm, der zum Parkplatz zurückführt. Die nördliche Hälfte des Naturschutzgebiets ist vom Ortsende Plittersdorf aus zu erwandern: Dort führt der Weg bis zur Murgmündung (siehe auch nächste Gebietsbeschreibung mit Rundtourvorschlag beiderseits des Rheins).

Es gibt zwar keinen Lehrpfad im Naturschutzgebiet, doch in Rastatt hat das Auen-Institut des „World Wide Fund for Nature" (WWF-Auen-Institut, Josefstraße 1, 7550 Rastatt) eine Modellaue errichtet: Ein kleiner Abzweig des Murgkanals wurde als Miniaturaue gestaltet – mit typischem Wasserverlauf, charakteristischen Pflanzen und vielen Informationstafeln. Die Modellaue ist jederzeit kostenlos zugänglich.

Eine Karte der Rastatter Rheinaue (mit der Sauermündung-Seltz-Münchhausen) im Maßstab 1:25 000 ist für fünf Mark beim WWF-Auen-Insitut zu erhalten (s.o.), ebenso eine informative Broschüre zur Modell-Aue. Das Blatt L 7114 Rastatt der Topographischen Karte im Maßstab 1:50 000 zeigt etwas mehr Umgebung – auch weiter flußaufwärts liegen noch kleine Auenwaldreste.

Die Sauermündung zwischen Seltz und Münchhausen

Gegenüber von Rastatt liegt das größte zusammenhängende und noch regelmäßig überschwemmte Auengebiet des Elsaß. Eingerahmt von einem mächtigen Mäanderbogen liegen hier ursprüngliche Auenwaldbänder an einem Gewässernetz aus drei mächtigen Altarmen. Der größte von ihnen wird heute von der Sauer, einem Vogesenbach, durchflossen. Wo die Sauer in den Rhein mündet, ist

ein regelrechtes Flußdelta entstanden – die Altarme fließen an dieser Stelle zusammen und bilden eine verhältnismäßig große natürliche Wasserfläche, die von üppigen Silberweidenwäldern eingerahmt wird. Früher wurden sie als Kopfhölzer bewirtschaftet. Hier kann man vor großartiger Auenkulisse Haubentaucher, Stockenten, Bläßrallen und Eisvögel beobachten. Und im Spätsommer finden sich ganze Gruppen von Graureihern zur gemeinsamen Jagd zusammen: Bis zu fünfzig Tiere treiben die Fische vor sich her, um dann blitzschnell zuzustoßen. Bei Niedrigwasser bieten riesige trockengefallene Schlickflächen ein reichhaltiges Nahrungsangebot für durchziehende Watvögel.

Ein guter Beobachtungspunkt direkt am Delta ist von Münchhausen aus zu erreichen. Das Fünfhundert-Seelen-Dorf liegt auf einem Sporn des Hoch- Erst flußabwärts von Iffezheim werden manche Auenwälder noch regelmäßig überflutet. Einige markante Kopfweidenbestände der Rastatter Rheinaue lassen sich vom Wege aus betrachten.

gestades und vermittelt mit seinen Fachwerkhäusern und den Fischernachen, die entlang der Altrheine vertäut sind, noch ein wenig den Eindruck eines alten oberrheinischen Dorfes. Vom Ortskern aus erreicht man zu Fuß in wenigen Minuten eine schmale Brücke, die die Sauer und die mächtigen Altarme überspannt.

Eine Wanderung durch die Seltzer Auenwälder läßt sich allerdings auch auf originelle Weise mit einem Besuch der Rastatter Rheinaue verbinden. Eine der letzten „Gierfähren" des Rheines pendelt zwischen Seltz und Plittersdorf – nicht Motorkraft, sondern die Strömung des Flusses treibt das Gefährt von einer Seite zur anderen.

Ein Rundtourvorschlag durch beide Gebiete beginnt auf deutscher Seite bei Wintersdorf: Vom Wintersdorfer Parkplatz auf dem Tullaschen Damm entlang in Richtung Norden bis nach Plittersdorf, westlich der Straße folgend durchs Häfele zur Rheinfähre Plittersdorf. Mit der Fähre nach Frankreich übersetzen und in nördlicher Richtung direkt am Rhein zum nördlichen Baggersee. Den See kann man umrunden, wobei sich Abstecher zu den Wasserläufen der Sauer lohnen. Mit der Fähre zurück nach Deutschland und auf der Rheinpromenade in Richtung Süden, dann zum Ausgangspunkt zurück (Kartentips am Ende der vorigen Gebietsbeschreibung).

Die Tomateninsel

Nördlich von Rastatt bei Au am Rhein führt eine schmale asphaltierte Straße bis zum Rheinknick: Der Fluß biegt hier um etwa 60 Grad nach Osten ab und verlagert dabei seinen Stromstrich an das elsässische Ufer. Auf badischer Seite wird dagegen angeschwemmt und abgelagert, so daß eine kleine Schotterinsel entstehen konnte. Bei Niedrigwasser wäre es sogar möglich, trockenen Fußes bis zur Insel zu gelangen. Selbst Bootfahrer sollten allerdings die Kiesbank nicht betreten, da sich hier einer der letzten Brutplätze von Flußuferläufer und Flußregenpfeifer befindet. Noch vor etwa zehn Jahren war die Tomateninsel von einem dichten Weiden-Pappelwald bedeckt. Aus Gründen der Übersichtlichkeit und Verkehrssicherheit wurde der Waldaufwuchs von der Wasser- und Schiffahrtsdirektion gerodet. Jedes Jahr wird er erneut zurückgeschnitten. Seitdem schrumpft die Insel, weil der Rhein die ehemals vom Auenwald gefestigten Schotter abträgt und sie stromabwärts an das rechte Ufer transportiert. Die künstlich leergefegte Insel entspricht in etwa einer „vor-tullaschen" Flußinsel. Auf den höchsten Stellen wachsen Pionierpflanzen, Rohrglanzgras und Stumpfblättriger Ampfer. Auch die Tomate, deren Samen den menschlichen Darm unverdaut verlassen und über die Abwässer in den Fluß gelangen, konnte sich in manchen Jahren erfolgreich als Pionier behaupten – was der Insel ihren Namen gab.

Illinger und Auer Altrhein

Auf Höhe der Tomateninsel mündet der Illinger Altrhein. Die riesige Mäanderschleife besitzt fünf „Finger" – Flußäste, die sich ursprünglich zum einheitlichen Flußlauf vereinigten. Diese Gestalt, die Mischung der Formelemente, ist typisch für die ehemalige Übergangszone. Im Vergleich zur Rastatter Rheinaue ist die

Von der Sauerbrücke bei Münchhausen blickt man über ausgedehnte Schlickflächen, die bei Niedrigwasser sichtbar werden. Die Altrheine sind dann zu einem kleinen Rinnsal verkümmert.

„Bois de Mothern" gibt es noch periodische Überschwemmungen, die drei Meter erreichen können. Zuletzt setzten die Sommerhochwasser im Jahr 1987 diese Gebiete von Anfang Mai bis Ende August – also mehr als vier Monate lang – unter Wasser. Landeinwärts schließt sich eine artenreiche Hartholzaue mit mächtigen Eichen, Eschen und Graupappeln an, wo Vogelarten wie Nachtigall, Kernbeißer, Grauschnäpper und Mittelspecht sehr zahlreich sind.

Die ehemalige Mäanderzone

Zwischen Karlsruhe und Mannheim gibt es nur noch wenige regelmäßig überflutete Auenwälder. Das einstige breite Auenwaldband wurde durch den Karlsruher Hafen zertrennt. Und der Hochwasserdamm im folgenden Flußabschnitt liegt so dicht am Tullaschen Rheinkanal, daß nur im sogenannten „Hochwasserstreifen" eine Überflutungszone besteht. Allerdings wirkt sich dort der „Düseneffekt" ökologisch so nachteilig aus, daß nur bedingt von einer Auenlandschaft gesprochen werden kann. Ausnahmen bilden die beiden ausgedehnten Waldgebiete der Ketscher Rheininsel und die Reißinsel bei Mannheim. Auch im Bereich der ausgedeichten Flußschlingen sind allerdings landschaftlich reizvolle und ökologisch interessante Altrheingebiete mit großräumigen alten Auenwald-Beständen erhalten geblieben.

Nördlich von Mannheim hatte der Wildfluß Rhein kaum noch Gefälle – er staute sich vor dem Durchbruch des Rheinischen Schiefergebirges auf. Von den weit ausladenden Mäandern und den von ihnen eingeschlossenen Inseln

Form des Illinger Altrheins jedoch schon viel stärker von den ehemaligen Flußschlingen geprägt.

Beeindruckend sind am Illinger und Auer Altrhein vor allem die Weichholzauenwälder, die zwar teilweise mit Hybridpappeln aufgeforstet sind, aber möglichst naturverträglich genutzt werden. Die traumhaften Wuchsbedingungen oberhalb der Uferwälle bringen wahre Baumriesen hervor. Folgt man dem Illinger Altrhein an seinem Ostufer zum Rhein, so gelangt man zu einem Auenwald mit bis zu 40 Meter hohen und fast zwei Meter dicken, uralten Pappeln. Sie sind mittlerweile völlig hohl: Der Stammfuß eines gefällten Exemplars wurde liegengelassen – mehrere Menschen finden bequem darin Platz.

In den flußnahen Bereichen am Rhein und entlang der Altarme bei Illingen und Au, ebenso im linksrheinischen

115

und Halbinseln sind heute einige großräumige Feuchtgebiete erhalten geblieben, deren Wasserstand bis zu fünf Meter schwankt. Sie werden durch riesige Schwimmblatt-Teppiche und einen hohen Anteil von Röhricht und Schilf geprägt.

Die Hördter Rheinaue

Nördlich von Karlsruhe erstreckt sich auf der linken Rheinseite ein dichtes Auenwaldgebiet – die „Hördter Rheinaue", das zweitgrößte Naturschutzgebiet in Rheinland-Pfalz. Der gesamte Bereich zwischen dem Hochgestade und dem Rhein konnte erhalten werden. Der Besucher hat deshalb die Möglichkeit, auf einer Breite von zwei Kilometern nahezu das gesamte Spektrum der unterschiedlichen Auen-Lebensgemeinschaften kennenzulernen – vom Fluß über Silberweidenwälder, Altrhein und Hartholzauenwälder bis hin zu den Erlensümpfen am Fuße des mächtig aufragenden Hochgestades. Die gesamte „Hördter Rheinaue" war als regulierbares Hochwasserbecken geplant – umfangreiche Untersuchungen belegten jedoch, daß selbst bei „ökologischer Flutung" irreparable Schäden im Naturhaushalt entstehen würden.
Die Aue, die im großräumigen, waldreichen Landschaftsschutzgebiet „Pfälzische Rheinauen Süd" liegt, eignet sich hervorragend für naturkundliche Wanderungen. Das Waldbild ist abwechslungsreich und besitzt einen hohen Altholzanteil – urtümliche Einblicke in den naturbelassenen Auenwald werden durch drei Naturwaldzellen vermittelt, in denen keine forstliche Nutzung mehr stattfindet: „Karlskopf" und „Gimpelrhein" liegen noch im Überflutungsgebiet des Rheins, der „Holländerschlag" befindet sich landseits der Hochwasserdämme.
Ein Wanderparkplatz wurde an der Straße Hördt/Sondernheim als Ausgangspunkt für Exkursionen eingerichtet: Etwa 300 Meter nach dem Ortsausgang Hördt liegt er auf der rechten Seite. Das Wegenetz in der Aue ist gut beschildert, es gibt Rundtouren und an mehreren Wegkreuzungen Schutzhütten. Das Gebiet ist allerdings so gut erschlossen, daß sogar Grillplätze, Feuerstellen und Hütten an ökologisch empfindlichen Stellen angelegt wurden!

Der Rußheimer Altrhein und die Insel Elisabethenwörth

Sehr ansprechend und vielgestaltig ist der Rußheimer Altrhein und das angrenzende Elisabethenwörth. Die ausgedeichte Mäanderschleife verlandet allmählich, enthält aber noch artenreiche Wasserpflanzengemeinschaften mit zahlreichen Wasservögeln, Amphibien- und Libellenarten. So kommen in diesem niederschlagsarmen Gebiet, das von der Pfinz durchflossen wird, noch Seekanne, Wassernuß und Schwimmfarn vor. Der Auenwald bietet für Sing- und Greifvögel eine ideale Lebensgrundlage. An einigen Stellen im „Germersheimer Stadtwald" wächst heute noch Wilder Wein.
Von Rußheim erreicht man die ehemalige Rheininsel Elisabethenwörth, indem man Pfinz und südlichen Altrhein überquert. Schon vom Parkplatz (mit Wanderkarte) bietet sich ein schöner Einblick in das Altrheingebiet: Mit dem Fernglas lassen sich Vögel, Libellen und Wasserpflanzen erspähen.
Auf dem Elisabethenwörth folgt man in nördlicher Richtung der Innenkurve (dem Gleithang) des Altrheins und umrundet das Rußheimer Feld an seiner Ostseite. Rechterhand des Weges liegt ein Waldstreifen, den man auf mehreren nach rechts abbiegenden Pfaden bis zum Wasserlauf erwandern kann. Dort enden die Wege blind, doch die Abstecher lohnen sich. Am Nordrand des Rußheimer Feldes biegt man westwärts zum Germersheimer Stadtwald ab, den man auf dem Rückweg in Richtung Süden quert.

Die Ketscher Rheininsel und die Reißinsel bei Mannheim

Die ausgedehnten Waldflächen auf den beiden Rheininseln stellen die einzig noch ausreichend überfluteten Auenwälder zwischen Karlsruhe und Mannheim dar – sie waren von den letzten großen Überschwemmungen voll erfaßt. Beide Inseln stehen unter Naturschutz, und zudem wurden mehrere Bereiche als sogenannte Bann- und Schonwälder ausgewiesen. Hier ruht die Waldwirtschaft, oder sie hat nur noch pflegende Aufgaben, so daß sich die Hartholzauenwälder sehr naturnah entwickeln.
Auf der Reißinsel, einem beliebten Naherholungsgebiet im Süden Mannheims in der Nähe der Neckaraue, wurde 1978 nach dem Ulmensterben, einer Pilzkrankheit, forstlich nicht eingegriffen – die abgestorbenen Bäume sind heute von einem dichten Lianenvorhang aus Waldreben und Wildem Hopfen überzogen.
Auf der Ketscher Rheininsel, deren Zugang direkt am südlichen Ortsausgang von Ketsch in Richtung Speyer liegt, gibt es noch einzelne Vorkommen des

Wilden Weins. Ehemals war die lichtliebende Rebe entlang der Flußmäander sehr verbreitet. Auf sandigem Untergrund konnte sie sich natürlich verjüngen und ganze Waldränder mit ihren Ranken überziehen. In der regulierten Rheinaue drohen die Vorkommen zu vergreisen, so daß die Forstverwaltung dazu übergegangen ist, junge Reben nachzuziehen und sie an lichten Stellen wieder in den Wald zu pflanzen – zum Beispiel auf der Rheininsel bei Ketsch.

Der Lampertheimer Altrhein

Nördlich von Mannheim liegt der Lampertheimer Althrein. Diese Flußschlinge, die heute fast vollständig verlandet ist, schnürte der Rhein selbst ab: Im Winter 1801/1802 verkürzte der dynamische Fluß seinen Lauf um sechs Kilometer, indem er sich einen neuen Weg über die Halbinsel Biedensand suchte und diese dabei vom westlichen Uferrand abtrennte. An der Durchbruchstelle entstand das „Welsche Loch", ein seeartiges, ursprünglich sechs bis sieben Meter tiefes Becken. Der heutige korrigierte Flußlauf des Rheins liegt noch weiter westlich, der Altrhein also rechtsrheinisch.

Die Wasserflächen im Altrhein-Rest und „Welschen Loch" werden heute von ausgedehnten Schwimmblatt-Beständen aus Seekanne und Wassernuß bedeckt, bei Niedrigwasser geben sie große Schlammflächen frei. Eine absolute Besonderheit am Oberrhein stellen die noch regelmäßig überfluteten Auenwiesen dar. Entlang des „Rallengrabens", dem natürlichen Rheindurchbruch, breiten sich heute Schilfröhrichte aus, in denen Blaukehlchen brüten.

Nachtreiher und Purpurreiher fühlen sich eher im Silberweidenwald wohl. Die Hartholzaue des Lampertheimer Altrheins ist zwar recht klein, doch auch sie beherbergt ein beachtliches Spektrum an Vogelarten.

Der Eich-Gimbsheimer Altrhein

Wesentlich älter als der Lampertheimer Altrhein ist die natürliche Abschnürung des Eich-Gimbsheimer Altrheins, der nördlich von Worms auf der linken Rheinseite liegt – sie hat vor knapp 1 500 Jahren stattgefunden. Seither verlandet das Gebiet, und der verschlammte Altrheinbogen umschließt ein viereinhalb Kilometer langes und 600 Meter breites Schilfgebiet – das größte in Rheinland-Pfalz. Nur direkt am Altrhein steht ein schmaler Streifen aus Weiden und Pappeln, und im Inneren liegen mehrere kleine Baggerseen. Im Röhricht finden sich einige sehr seltene Pflanzenarten wie der Sumpf-Lappenfarn, die Glanz-Wolfsmilch und die Schneide. Zwergtaucher, Purpurreiher, Rohrweihe, Sumpfohreule und Beutelmeise brüten dort – Blaukehlchen und Uferschwalben sogar mit jeweils über hundert Paaren.

Kühkopf-Knoblochsaue

Das bedeutendste Feuchtgebiet Hessens liegt westlich von Darmstadt auf der rechten Rheinseite dem Eich-Gimbsheimer Altrhein fast gegenüber: Das Naturschutzgebiet Kühkopf-Knoblochsaue mit knapp zweieinhalbtausend Hektar Fläche. Anfang des 19. Jahrhunderts wurde der Kühkopf mit einem künstlichen Durchstich vom Rhein abgetrennt, so daß eine Insel entstand, die heute vom verlandeten Altrheinbett eingerahmt wird. Der Schusterswörther Altrhein begrenzt im Norden das Gebiet, zu dem auch das vorgelagerte Waldstück, die Knoblochsaue, gehört.

Das Wasserregime des Rheins erreicht an dieser Stelle des Oberrheins heute Wasserstands-Schwankungen von bis zu fünf Metern. So brachen im Mai 1983 die Sommerdämme, und Knoblochsaue sowie Kühkopf waren vollständig überflutet. Die Dämme wurden nicht repariert, und die Flächen blieben sich selbst überlassen – Wissenschaftler verfolgen seither, wie der Fluß sich sein Gebiet zurückerobert. Bis 1983 wurde das Zentrum der Kühkopfinsel auch noch intensiv landwirtschaftlich genutzt, nun soll ein Großteil der Flächen wieder in Auenwiesen umgewandelt werden.

Auf den flachen nährstoffreichen Altwassern bildet die sonst so seltene Wassernuß gigantische Schwimmblatt-Teppiche, auch die Seekanne ist hier überaus häufig. Eine Besonderheit des Gebiets sind Kopfweiden-Bestände, die von Höhlenbrütern wie Gartenrotschwanz, Weidenmeise und dem Waldkauz bewohnt werden, aber auch Stockenten als Nistplatz dienen. Im Hartholzauenwald brüten 50 Schwarzmilan-Paare (!), und im gesamten Naturschutzgebiet sind 85 Brutvogelarten nachgewiesen. Auf dem Zug sind Kormorane und Kraniche zu beobachten.

REGISTER

A
Aal *(Anguilla anguilla)* 58, 92, 94, 98
Algenfarn *(Azolla filiculoides)* 32, 65
Alpenstrandläufer *(Calidris alpina)* 48, 65, 111
Anopheles-Mücke *(Anopheles sp.)* 96
Aronstab *(Arum maculatum)* 36, 39, 41f., 56
Äsche *(Thymallus thymallus)* 58, 92, 98
Aufrechter Merk *(Sium erectum)* 33

B
Bacillus thuringensis israelensis (BTI) 96
Barbe *(Barbus Barbus)* 65, 92
Bärlauch *(Allium ursinum)* 36, 42, 110
Barsch, Flußbarsch *(Perca fluviatilis)* 94
Bekassine *(Gallinago gallinago)* 50, 52
Berberitze *(Berberis vulgaris)* 110
Beutelmeise *(Remiz pendulinus)* 117
Biber *(Castor fiber)* 62
Bienenragwurz *(Ophrys apifera)* 110
Bisam *(Ondatra zibethicus)* 62
Bittersüßer Nachtschatten *(Solanum dulcamara)* 38
Bläßgans *(Anser albifrons)* 66
Bläßralle, Bläßhuhn *(Fulica atra)* 51f., 60, 95, 113
Blattfußkrebse *(Limnadia und Triops spec.)* 59
Blaukehlchen *(Luscinia svecica)* 50, 117
Blaustern *(Scilla bifolia)* 36, 41, 110
Blutrote Heidelibelle *(Sympetrum sanguineum)* 56
Blutströpfchen *(Zygaena filipendulae)* 109
Bockkäfer *(Cerambycidae)* 57, 112
Brachsen *(Abramis brama)* 58, 65, 92
Braunkehlchen *(Saxicola rubetra)* 52
Braunrote Schuppenwurz *(Lathraea squamaria)* 41
Breitblättriger Rohrkolben *(Typha latifolia)* 33
Brennessel *(Urtica dioica)* 29, 36, 41
Bruchwasserläufer *(Tringa glareola)* 65, 111
Buschwindröschen *(Anemone nemorosa)* 41, 110

D
Dicke Flußmuschel *(Unio tumidus)* 56
Dohle *(Corvus monedula)* 66, 109
Dorngrasmücke *(Sylvia communis)* 108f.
Douglasie *(Pseudotsuga menziesii)* 90
Dreikant-Muschel *(Dreissena polymorpha)* 65
Dreikantige Teichbinse *(Schoenoplectus triquetrus)* 33
Drosselrohrsänger *(Acrocephalus arundinaceus)* 50, 53
Drüsiges Springkraut, Indisches S., *(Impatiens glandulifera)* 65
Dunkler Wasserläufer *(Tringa erythropus)* 65

E
Echter Steinklee *(Melilotus officinalis)* 33
Echtes Tausendgüldenkraut *(Centaurium erythraea)* 33
Efeu *(Hedera helix)* 38
Eiderente *(Somateria mollissima)* 66
Einbeere *(Paris quadrifolia)* 36, 38
Eisente *(Clangula hyemalis)* 66
Eisvogel *(Alcedo atthis)* 1, 49, 58, 60, 66, 94, 112f.
Erbsen-Muscheln *(Pisidien)* 56
Esche *(Fraxinus ornus)* 26, 36, 42, 90
Europäische Sumpfschildkröte *(Emys orbicularis)* 54

F
Feldahorn *(Acer campestre)* 36, 90
Feldulme *(Ulmus minor)* 36, 42
Feuerlibelle *(Crocothemis erythraea)* 56
Finte *(Alosa fallax)* 58, 65
Fischadler *(Pandion haliaetus)* 50f., 62
Fischotter *(Lutra lutra)* 62
Fitis, Fitislaubsänger *(Phylloscopus trochilus)* 46, 52
Flatterulme *(Ulmus laevis)* 36, 42, 90
Flaumeiche *(Quercus pubescens)* 108
Flockenblume *(Centaurea sp.)* 110
Flunder *(Platichthys flesus)* 65
Flußneunauge *(Lampetra fluviatilis)* 58, 65
Flußregenpfeifer *(Charadrius dubius)* 49, 94, 112ff.
Flußseeschwalbe *(Sterna hirundo)* 49
Flußuferläufer *(Actitis hypoleucos)* 49f.
Flutender Hahnenfuß *(Ranunculus fluitans)* 32, 109, 110
Flutrasen 109
Forelle *(Salmo trutta)* 58, 98
Frühjahrs-Geophyten 41
Fuchs *(Vulpes vulpes)* 60f.

G
Gänsesäger *(Mergus merganser)* 65, 111
Gartenrotschwanz *(Phoenicurus phoenicurus)* 117
Gebänderte Prachtlibelle *(Calopteryx splendens)* 56
Gefleckte Schnirkel-Schnecke *(Arianta arbustorum)* 56
Geißblatt *(Lonicera periclymenum)* 56
Gelbe Teichrose *(Nuphar lutea)* 32, 42
Gelbstern *(Gagea lutea)* 41
Gemeine Heidelibelle *(Sympetrum vulgatum)* 56
Gemeine Nachtkerze *(Oenothera biennis)* 33
Gewöhnliches Rispengras *(Poa trivialis)* 41
Glänzende Wolfsmilch *(Euphorbia lucida)* 117
Glänzende Dolchschnecke *(Zonitoides nitidus)* 56
Glänzendes Laichkraut *(Potamogeton lucens)* 42
Gottesanbeterin *(Mantis religiosa)* 109
Grauerle *(Alnus incana)* 34, 65, 90
Graupappel *(Populus canescens)* 36, 42, 90, 115
Graureiher *(Ardea cinerea)* 50, 58, 62, 113
Grauschnäpper *(Muscicapa striata)* 115
Große Königslibelle *(Anax imperator)* 56

Großer Blaupfeil *(Orthetrum cancellatum)* 56
Großer Brachvogel *(Numenius arquata)* 52, 104
Großer Eisvogel *(Limenitis populi)* 56, 109
Großer Fuchs *(Nymphalis polychloros)* 56
Großer Pappelbock *(Saperda carcharias)* 57, 112
Großer Schillerfalter *(Apatura iris)* 56, 109
Großes Zweiblatt *(Listera ovata)* 41
Grünschenkel *(Tringa nebularia)* 65, 111

H
Hainbuche *(Carpinus betulus)* 36, 42, 45
Hartriegel *(Cornus sp.)* 36
Hasel *(Corylus avellana)* 36
Hase *(Lepus capensis)* 60, 107
Haubentaucher *(Podiceps cristatus)* 51, 60, 65, 113
Hecht *(Esox lucius)* 92, 94
Heldbock, Eichenbock *(Cerambyx cerdo)* 46, 57, 90, 112
Helmknabenkraut *(Orchis militaris)* 38, 110, 112
Herbst-Mosaikjungfer *(Aeshna mixta)* 56
Hirschkäfer *(Lucanus cervus)* 46, 57, 90, 112
Hohe Schlüsselblume *(Primula elatior)* 110
Hohltaube *(Columba oenas)* 109
Hopfen *(Humulus lupulus)* 38, 116
Hummelragwurz *(Ophrys holosericea)* 110
Hummelschwärmer *(Hemaris fuciformis)* 56, 112
Hybridpappel *(Populus x canadensis)* 90

I
Igel *(Erinaceus europaeus)* 62
Iltis *(Mustela putorius)* 62
Indisches Springkraut *(Impatiens glandulifera)* 64

K
Kalmus *(Acorus calamus)* 33
Kammolch *(Triturus cristatus)* 54
Kampfläufer *(Philomachus pugnax)* 111
Karpfen *(Cyprinus carpio)* 58, 94
Kernbeißer *(Coccothraustes coccothraustes)* 115
Kiefer *(Pinus sylvestris)* 38
Klappergrasmücke *(Sylvia curruca)* 108f.

Klappertopf *(Rhinanthus sp.)* 38, 112
Kleiner Blaupfeil *(Orthetrum coerulescens)* 56
Kleiner Eisvogel *(Limenitis camilla)* 56, 109
Kleiner Pappelbock *(Saperda populnea)* 112
Kleines Sumpfhuhn *(Porzana parva)* 50
Kleinspecht *(Picoides minor)* 90
Kleines Nixenkraut *(Najas minor)* 32
Knäckente *(Anas querquedula)* 50
Knautie, Witwenblume *(Knautia sp.)* 110
Knoblauchkröte *(Pelobates fuscus)* 54
Knoblauchsrauke *(Alliaria petiolata)* 36
Korbweide *(Salix viminalis)* 35
Kormoran *(Phalacrocorax carbo)* 65, 66, 111, 117
Kranich *(Grus grus)* 117
Krickente *(Anas crecca)* 50, 65
Kuckuck *(Cuclus canorus)* 51

L
Lachs *(Salmo salar)* 59, 65, 97f.
Laichkraut *(Potamogeton sp.)* 32, 58
Laubfrosch *(Hyla arborea)* 54, 112
Laufkäfer *(Carabidae)* 60
Liguster *(Ligustrum vulgare)* 110
Limnadia, Muschelschaler 58

M
Maifisch *(Alosa alosa)* 58, 65, 98
Maiglöckchen *(Convallaria majalis)* 42
Majoran *(Majorana hortensis)* 108
Malermuschel *(Unio pictorum)* 56
Mandelweide *(Salix triandra)* 35
Marder, Steinmarder *(Martes foina)* 62
Meerforelle *(Salmo trutta trutta)* 58, 65
Meerneunauge *(Petromyzon marinus)* 58, 65
Mittelspecht *(Dendrocopus medius)* 51, 90, 112, 115
Moderlieschen *(Leucaspius delineatus)* 58
Mönchsgrasmücke *(Sylvia atricapilla)* 52
Moorfrosch *(Rana arvalis)* 54
Muscheln *(Bivalvia)* 56

N
Nachtigall *(Luscinia megarhynchos)* 51f., 109, 115
Nachtreiher *(Nycticorax nycticorax)* 117
Nadelbinse *(Eleocharis acicularis)* 45

Nase *(Chondrostoma nasus)* 65, 98
Natternkopf *(Echium vulgare)* 38, 110
Neuntöter *(Lanius collurio)* 109
Nutria, Sumpfbiber *(Myocastor coypus)* 62

O
Orchideen *(Orchidaceae)* 38, 110

P
Pfaffenhütchen *(Euonymus europaeus)* 36
Pirol *(Oriolus oriolus)* 47, 51f., 112
Plötze, Rotauge *(Rutilus rutilus)* 58
Purpurreiher *(Ardea purpurea)* 50, 117
Purpurweide *(Salix purpurea)* 35
Pyramiden-Knabenkraut *(Anacamptis pyramidalis)* 38

R
Regenwürmer *(Lumbricidae)* 60
Reh *(Capreolus capreolus)* 60, 107, 111
Reiherente *(Aythia fuligula)* 59, 60, 65
Ringelnatter *(Natrix natrix)* 54
Rohrammer *(Emberiza schoeniclus)* 50
Rohrdommel *(Botaurus stellaris)* 50
Rohrglanzgras *(Phalaris arundinacea)* 33, 36, 114
Rohrkolben, Schmalbrättriger *(Typha angustifolia)* 33
Rohrkolben *(Typha spec.)* 33
Rohrweihe *(Circus aeruginosus)* 50, 117
Rosmarin-Weidenröschen *(Epilobium dodonaei)* 33
Rotauge, Plötze *(Rutilus rutilus)* 58
Rotbuche *(Fagus sylvatica)* 36, 38
Rotfeder *(Scardinius erythrophthalmus)* 65
Rotschenkel *(Tringa totanus)* 48, 49, 65, 111

S
Saatgans *(Anser fabalis)* 66
Saatkrähe *(Corvus frugilegus)* 66
Sägekäfer *(Heteroceridae)* 58, 60
Salomonssiegel *(Polygonatum odoratum)* 42
Sanddorn *(Hippophae rhamnoides)* 38, 108
Scharbockskraut *(Ranunculus ficaria)* 36, 41
Schellente *(Bucephala clangula)* 66

Schilf *(Phragmites australis)* 28, 33, 51, 71, 116
Schilfrohrsänger *(Acrocephalus schoenobaenus)* 50
Schlammling *(Limosella aquatica)* 26, 44, 58
Schlammpeitzger *(Misgurnus fossilis)* 58
Schlangenadler *(Circaetus gallicus)* 50f.
Schlanke Bernsteinschnecke *(Oxyloma elegans)* 56
Schlehe *(Prunus spinosa)* 36, 42, 56, 110
Schleie *(Tinca tinca)* 65, 94
Schlinggewächse 36, 38, 112
Schnaken *(Culicidae)* 46, 57, 96f., 101
Schnäpel *(Coregonus oxythynchus)* 65
Schnatterente *(Anas strepera)* 65
Schnecken *(Gastropoda)* 46, 56, 60, 101
Schneide *(Cladium mariscus)* 33, 117
Schreiadler *(Aquila pomarina)* 50f.
Schwalbenschwanz *(Papilio machaon)* 109
Schwanenblume *(Butomus umbellatus)* 33
Schwarzfrüchtiger Zweizahn *(Bidens frondosa)* 33, 65
Schwarzmilan *(Milvus migrans)* 51, 62, 63, 117
Schwarzpappel *(Populus nigra)* 34, 36, 38, 42, 90
Schwarzspecht *(Dryocopus martius)* 109, 112
Schwimmblatt-Pflanzen 28, 43, 58, 116f.
Schwimmfarn *(Salvinia natans)* 32, 33, 42, 116
Seefrosch *(Rana ridibunda)* 54
Seekanne *(Nymphoides peltata)* 28, 32, 44, 112, 116f.
Silberpappel *(Populus alba)* 42, 90
Silberweide *(Salix alba)* 18, 26, 34f., 36, 42, 113
Singdrossel *(Turdus philomelos)* 52
Skabiose *(Scabiosa sp.)* 110
Spätblühender Bitterling *(Blackstonia perfoliata)* 33, 65
Spechte *(Picidae)* 51, 90, 109, 112, 115
Spinnen *(Araneae)* 60
Spinnenragwurz *(Ophrys sphegodes)* 110
Spitzmäuse *(Soricidae)* 60
Spitzorchis *(Buacomptis pyramidalis)* 104
Springfrosch *(Rana dalmatina)* 54
Stechmücken *(Culicidae)* 46, 57, 96f., 101
Steinmarder *(Martes foina)* 62

Stieleiche *(Quercus petraea)* 28, 36, 38, 90, 108
Stockente *(Anas platyrhynchos)* 51, 58ff., 95, 113, 117
Stör *(Acipenser sturio)* 58f., 65, 98
Stumpfblättriger Ampfer *(Rumex obtusifolius)* 41, 114
Sumpf-Herzblatt *(Parnassia palustris)* 33, 65
Sumpf-Lappenfarn *(Thelypteris palustris)* 117
Sumpf-Platterbse *(Lathyrus palustris)* 33
Sumpf-Schwertlilie *(Iris pseudacorus)* 29, 36, 41
Sumpf-Vergißmeinnicht *(Myosotis palustris)* 36
Sumpf-Labkraut *(Galium palustre)* 36
Sumpfohreule *(Asio flammeus)* 117
Sumpfrohrsänger *(Acrocephalus palustris)* 51

T
Tafelente *(Aythya ferina)* 60, 65f.
Tannenwedel *(Hippuris vulgaris)* 28, *32*, 42, 44
Teichralle, Teichhuhn *(Gallinula chloropus)* 51, 59
Teichrohrsänger *(Acrocephalus scirpaceus)* 50, 51
Thymian *(Thymus vulgaris)* 108
Trauerente *(Melanitta nigra)* 66
Trauerseeschwalbe *(Chlidonias niger)* 49
Triops, Kiefernfüße *(Triops cancriformis)* 58
Trockenrasen 108ff.
Tüpfelsumpfhuhn *(Porzana porzana)* 50
Turteltaube *(Streptopelia turtur)* 51, 109

U
Uferschwalbe *(Riparia riparia)* 49, 94, 117

W
Wachtelkönig *(Crex crex)* 52f.
Waldgeißblatt *(Lonicera periclymenum)* 42
Waldkauz *(Strix aluco)* 117
Waldohreule *(Asio otus)* 60
Waldrebe *(Clematis vitalba)* 38, 110, 116
Waldveilchen *(Viola reichenbachiana)* 110
Waldwasserläufer *(Tringa ochropus)* 65, 111

Wasserfeder *(Hottonia palustris)* 32, 42
Wasserflöhe *(Cladocera)* 58
Wasserknöterich *(Polygonum amphibium)* 36
Wasserkresse *(Rorippa amphibia)* 32, 36, 42, 110
Wasserlinsen *(Lemna sp.)* 32
Wasserminze *(Mentha aquatica)* 33
Wassernuß *(Trapa natans)* 32, 42ff., 68, 112, 116f.
Wasserralle *(Rallus aquaticus)* 51
Wasserstern *(Callitriche sp.)* 32, *109*
Wechselkröte *(Bufo viridis)* 112
Weidenmeise *(Parus montanus)* 90, 117
Weißstorch *(Ciconia ciconia)* 52f., 62f., 104
Weißdorn *(Crataegus sp.)* 36, 42, 110
Weiße Seerose *(Nymphaea alba)* 28, 32
Weißfische *(Cyprinidae)* 58, 94
Wels *(Silurus glanis)* 15, 59
Wiesen-Wasserfenchel *(Oenanthe lachenalii)* 33
Wiesensalbei *(Salvia pratensis)* 108, 112
Wildapfel *(Malus sylvestris)* 36, 71
Wildbienen *(Apoidea)* 56, 112
Wildbirne *(Pyrus pyraster)* 36
Wilde Möhre *(Daucus carota)* 33
Wilder Wein *(Vitis sylvestris)* 38, 116f.
Winterlinde *(Tilia cordata)* 36
Wolliger Schneeball *(Viburnum lantana)* 110

Z
Zander *(Stizostedion lucioperca)* 94, 98
Zaunkönig *(Troglodytes troglodytes)* 51
Ziegenmelker *(Caprimulgus europaeus)* 108
Zilpzalp *(Phylloscopus collybita)* 52
Zuckmücken *(Chironomidae)* 101
Zwergdommel *(Ixobrychus minutus)* 50f.
Zwergrohrkolben *(Typha minima)* 33
Zwergseeschwalbe *(Sterna albifrons)* 49
Zwergtaucher *(Tachybaptus ruficollis)* 60, 65, 117